마추픽추

강우식 시인은 1941년 강원도 주문진에서 출생했다. 1963~66년 ≪현대문학≫지로 등단했다. 『종이학』, 『살아가는 슬픔, 벽』 등 다수의 시집이 있다. 현대문학상, 한국시인협회상 등을 수상했다. 문학박사이며, 성균관대학교 시학교수를 역임했다.

이메일 suhung2002a@naver.com

리토피아포에지 · 26
마추픽추

인쇄 2014. 5. 10 발행 2014. 5. 15
지은이 강우식 펴낸이 정기옥
펴낸곳 리토피아
출판등록 2006. 6. 15. 제2006-12호
주소 402-013 인천 남구 숭의3동 120-1
전화 032-883-5356 전송032-891-5356
홈페이지 www.litopia21.com 전자우편 litopia@hanmail.net

ISBN-978-89-6412-040-8 03810

값 10,000원

이 도서의 국립중앙도서관 출판시도서목록(CIP)은 서지정보유통지원시스템 홈페이지(http://seoji.nl.go.kr)와 국가자료공동목록시스템(http://www.nl.go.kr/kolisnet)에서 이용하실 수 있습니다.(CIP제어번호: CIP2014013751)

강우식 연작장시집

마추픽추

리토피아
LITERATURE & UTOPIA

책머리에

일생 시쟁이로 살면서
몰아의 경지까지
시에 골몰한 적이 없어 늘 아팠다.

이 시에 혼신을 다해 몰입했다.

칠십도 중반을 건너가는 노인이
이십대의 문학청년이 된 기분으로
충전하며, 충전하며 쓴 시다.

태풍 같은 휘모리장단이었다.

2014년 늦봄
老平 강우식

차례

마추픽추

—감쪽같이 천여 명의 잉카가 사라졌다.
왜? 아무도 알 수 없었다.
시인이여, 미스터리에 대해 두려워마라.

1. 서시 콘도르의 큰 날개가

콘도르의 큰 날개가 칠흑을 밀어내고
안데스의 하늘이 열렸다.
태양의 햇살을 부채날개에 가득 실은
콘도르는 자신의 형상을 닮은
마추픽추의 하늘 위를 순찰하듯 유유히 돈다.
지금 마추픽추는 텅텅 비어 있다.
산은 늘 비어 있고 빈 마음이다.
그 옛날 융융했던 마추픽추는
태양신의 명을 받은

콘도르가 날카로운 발 갈퀴로
몽땅 채어 어디론가 사라지고
페루드란스* 독사 같은
우루밤바 강*의 급류가 흰 이를 드러내고
밤낮으로 물어뜯는 그 위에
마추픽추는 텅 빈 적막 속에 의연하다.
역사는 늘 페루드란스처럼
음흉한 독을 품고 뒤에서 공격했지만
마추픽추는 폐허가 되어
오히려 신비한 공중도시로 살아났다.
마추픽추는 통제된 땅이었다.
산이 문을 열어주지 않으면
아무도 들어갈 수 없는 땅이고 산이었다.
선택된 사람만이 들어가 살다
신의 부름을 받아 태양신에 헌신하는

---

* 페루드란스 : 사물을 뒤에서부터 공격하는 독사.
* 우루밤바 강 : 마추픽추산 아래로 흐르는 강.

산 속의 땅이었다.
그래서 더 비밀의 문을 열어보고 싶듯이
소문은 무성하고 자자했다.
산의 미로와 같은 신비를 때로는
사람들이 만들어 왔듯이
돌로써 황금을 만든 도시였다.
보는 사람에 따라 돌이 황금이 되고
황금이 돌이 되는 도시였다.
황금 보기를 돌같이 하라는
말씀을 따른 사람들에게는
돌이 황금으로 보였다.
안데스를 비추는 황금빛 햇살이
돌에 스미어 황금이 되는 신비를
콘도르킨가*의 백성들은 자연에서 알았다.
잉카들의 삶은 자연연금술이었다.
산이 있어, 거기 산 하나가 있어

* 콘도르킨가: 독수리 황제. 잉카제국의 모든 황제를 총칭하는 의미로 씀.

돌로써 황금도시, 황금보다 더 아름다운
공중도시 마추픽추를 만들었다

2. 스스로 안데스의 하늘 아래

스스로 안데스의 하늘 아래 어딘가에
돌처럼 황금이 지천으로 쌓인
눈부신 샹그릴라가 있다고 믿는
잉카들이 아직도 많듯이
소문은 숲의 초록 잎처럼 일렁이고
자고 일어나면 꿈같은 말이 구름으로 퍼져
발을 달고 바다를 건너고 산을 넘었다.
소문은 날개를 활짝 편 콘도르,
황금에 눈이 뒤집힌 침탈자들이
울울창창한 숲을 헤치고 기어들었다.
마추픽추는 그런 도시였다.
나는 천만년을 잠자는 돌 틈에 돋은 쪽 풀의

강인한 생명력도 보지만
숲의 비명소리도 듣는다.
안데스의 새벽 고요를 깨치고
쓰러지는 교목과 잡목의 비명도 듣는다.
역사의 옛 자취도 없이 사라진 도시에 번진
잔인한 피 얼룩과
슬프고도 처절한 사랑의 무늬도 예감한다.
태양을 위하여
돌로써 태양의 신전이 세워지고
태양과 하나 되기 위하여 해시계를 만들고
하늘이 무너져도 끄떡없는 움직이지 않는 돌로써
움직이는 태양을 잡아두고자 한 잉카였다.
인띠와따나, 태양을 잡는 천문관측소가 있던
신의 도시 마추픽추였다.
도시의 한쪽 콘도르킨가의 황금 소문은
안데스의 바람을 타고 흘러, 흘러
바다 건너 수많은 사람들의 가슴에

산을 무너뜨리고 밤잠을 설치게 했다.
갈증은 참을 수 없는 욕망이다.
물을 찾아 사막을 헤매는 나그네처럼
황금 물에 눈이 뒤집히고 먼 자들은
소경의 지팡이로 이리저리 땅을 더듬으며
천 만길 황야를 휩쓰는 바람이 되어
마추픽추를 싹쓸이로 비질했다.
황금은 어디 갔을까.
잉카들이 아무리 머리를 흔들고 손을 저어도
황금이 돌이고 돌이 황금이라 해도
감쪽같이 숨겼다고 믿을 수밖에 없는
침탈자들의 숙명.
황금이 아닌 것은 눈에 보이지도 않는
슬픈 무리들이었다.
돌은 아무 쓸모없는 돌일 뿐이었다.
끝없는 고문과 피의 살육이 시작되었다.
황금으로 온몸을 휘감듯이 잉카의

피로 매대기 하는 밤과 낮의 연속이었다.
내던져진 인육들의 피 냄새는
안데스의 굶주린 콘도르들을 꾀게 하고
마추픽추는 텅 빈 바람의 공간이 되어 갔다.
숲의 장막이 드리워진
바람처럼 텅 빈 듯이 있는
밀림 속 신비한 도시로 변해 갔다.

그리고 세월이라는 망각의 긴 시간이 흘렀다.
피의 황금이 다 사라진 그 자리에
태양의 황금인 돌의 역사가 시작되었다.
마추픽추의 산처럼 쌓인 돌들은
오랜 바람의 시간과 눈보라의 공간 속에서
피의 얼룩들을 다 씻고 닦아낸
구도자의 뼈처럼 정화되어
다시 시작하는 사역의 역사였다.
모든 삶과 죽음은 태양을 따라

밤과 낮으로 순회하고
하늘의 돌인 별의 운행을 아는 황제 콘도르킨가는
하늘에서도 제일 아름다운 별자리를 본떠
마추픽추의 돌집들을 만들었다.
별들의 울타리를 만들어 갔다.

모든 슬픔을 가슴에 품고도 내색이 없는
망각 속의 백치였던 잉카의 돌들이
별처럼 산의 어둠을 뚫고 부활했다.
돌은 황금이면서 때로는 폭력의 공포였다.
콘도르킨가는 새 한 마리도
그의 명령이 아니면 날지 못하도록
신의 목소리와 계율로 돌의 제국을 만들었다.
잉카들은 모두 지상에 얽매인 돌이었다.
돌이어서 신의 도시를 만들 수 있었다.
가끔 안데스의 돌들은 꿈을 꾸었다.
하늘의 별자리에 떠 있듯이

신 앞에 매인 몸들인 잉카의 꿈.
돌들은 한자리 박혀 오래 살기보다는
우루밤바 강에 춤추며 떨어지는 꿈을 꿨다.
꿈꾸는 돌들은 자유를 희망했다.
하늘의 별들이 우박처럼 떨어지는
낙하는 비상의 다른 의미다.
누가 하늘 높이 꿈을 싸서 돌로 던진 것일까.
그 안데스 산맥 위로 잉카의 꿈이 날았다.
돌이 새가 되었다. 자유를 사랑하는 새가 되었다.
유성 같은 새가 하늘로 솟구쳤다.
유유히 안데스를 지배하듯 나는 콘도르였다.
우주전함 같은 콘도르.
돌의 눈이자 하늘의 눈을 가진,
하늘을 날 수 있는 돌은 콘도르뿐이었다.
콘도르가 없는 잉카를 어찌 노래할 수 있으랴.
돌이 떨어지거나 솟구치거나 하는 것 같은 새.
콘도르는 안데스의 하늘이고 돌의 날개다.

어찌 콘도르가 하늘을 그냥 날겠는가.
털끝만치 미세한 바람의 흐름도 다 감지하고
그 느낌대로 호흡하며 기류를 타는
콘도르를 사랑한다는 것은 신을 사랑하는 것이다.
신이 사는 산을 사랑하는 것이고
페루를 사랑하는 것이다. 숲과 나무와
피리와 노래의 숨결을 사랑하는 것이다.
신 앞에 자유로웠던 콘도르의 심장 잉카의 꿈.
비상하는 돌이여 숨을 쉬자.
돌 속에 사는 잉카의 후손들은
늙은 마누라와 오래 해로해 왔듯이
누구나 늙은 돌산 봉우리 마추픽추를 가지고 산다.
돌산이 바로 신비한 신의 도시이고 집이다.
아케이드 프로젝트 같은 안데스다.

3. 돌이 있어 꿈꾸었던

돌이 있어 꿈꾸었던 자들,

페루 잉카들이 신비롭게 살았던
마추픽추에 안개가 첩첩 오리무중이다.
누구나 마추픽추에 오면 생각에 잠겨
지난 시간을 재생하듯이 꿈속을 더듬는다.
안개의 미로를 따라 옛날로 거슬러 오른다.
시간여행을 한다.
나는 마추픽추라는 지명이
성인동화 속 주인공 이름이라 상상한다.
마추픽추는 늙은 봉우리.
마추라는 이름의 늙은 총각과
픽추라는 꽃 봉우리 같은 처녀와의
사랑의 내력으로부터 따 온 이름이다
옛날 아주 오랜 옛날 원시의 하늘이었던
전설 속에 나오는 주인공과 같은
마추와 픽추가 살아있는 환상에 사로잡혀
이 텅 빈 돌의 공간을 거닌다.
반복되었던 살육의 역사가 깨끗이 사라진

적막한 땅 속에 다시 시간의 돌기둥을 박는다.
까치 발 뛈처럼 재깍재깍 반복되는 초침 속에
숲이 빛나고 나무들이 춤추기 시작하며
물이 흐르고 폐허의 도시가 살아난다.
안개가 걷히고 산이 산답게 우뚝 선다.
미궁이었던 마추픽추가 드러난다.

태양 문을 지나며 들른 샤먼의 집에서는
늘 굿거리장단과 주술소리로 가득 차 있다.
둥둥 두둥둥 무녀가 북을 친다.
안데스의 하늘이 새벽살결이 떨리듯
마추픽추의 정상에서 태양신을 맞이하는
신성한 하루의 북소리다.
북소리는 산의 공명 메아리로
마추픽추 잉카들의 나날의 삶을 점지해 주는
하늘의 울림이다. 어느 땐가는
신에게 바쳐질 운명으로 태어난

공동체 속의 마추와 픽추의 노동도
그 소리의 흐름 따라 시작된다.

모든 꿈같은 만남이란
광활한 우주공간을 유영하다
도킹하는 우주선처럼 맺어지는 순간인가.

마추는 남자의 거시기에 좋다는 마카를
남몰래 먹는 스물다섯의 노총각.
화성에 기적처럼 착륙한 우주탐사선이 듯
픽추의 땅에서 흙 맛은 좋은지
물은 있는지 산을 넘고 강을 건너는 잉카
픽추는 이제 막 성인식을 치른
와나바나 잼 같은 열네 살 꽃 처녀.
라일락 꽃향기가 빗속에 물드는 저녁이면
그 빗물에 치렁한 머리를 감던 잉카 처녀.
처음 인연은 선인장 밑동에서

가느다란 실뿌리가 나오듯이
봄이 되어 여리고 앳된 사랑이 돋고
안데스의 초록바람이 살랑살랑 마음에 일어
세상천지가 온통 어질 머리로 흔들리고
처음에는 마추의 이마에 빛나는 햇살이
너무 눈부셔서 한 손 눈가리개 하고 쳐다보고,
픽추의 흑요석 신비한 눈동자 속에
천만년 꿈꾸듯 잠들고 싶은 산을 바라보는
마추와 픽추의 만남이었으리. 봄이었으리.
바다가 없는 마추픽추에서 봄 하늘을
바다 보듯이 하는 그리움이었으리.
그리움이란 푸르른 하늘을 보는 것이다.
그 하늘에 뜬 구름을 따라 어디론가 가는 것이다.
만날 수 없는 것들을 만나고 싶은 것이다.
하늘의 별과 지상의 꽃들과 흐르는 구름에
몸과 마음을 빼앗긴 만남이었으리.
자연의 섭리 같은 첫사랑이었으리.

바람 속에는 설레는 꽃향기가 잠겨 있고
몸은 꿀통에 꿀이 차 듯 사랑의 단물로 차올라
점점 둥근 보름달 속의 수박빛으로 붉어진 항아리거나
이글거리는 태양 아래 구릿빛 몸의 잉카의 사랑.
피의 흐름은 도도한 우루밤바 강이었다.

마추와 픽추는 한 핏줄의 '추'자 돌림의 남매간
마추픽추 산에서 태어나면서부터
남남으로 살며 서로 가는 길이 달랐다.

마추는 태양신에 바쳐질 제물.
픽추는 한 점 흠결이 없는 정결한 몸과 마음으로
헌신에의 제사장으로 뽑힐 여자.

서로 다른 길로 가야할 운명이
같은 끈으로 맺고 얽히는 것도 운명이었다.

〉

서로 다른 울타리 속에 자랐어도
어이하리. 핏줄은 어쩔 수 없이 댕기고
사랑은 그저 블랙홀처럼 빨려 들어가는 마약인 것을……
사랑은 익어 뜨거운 돌 판이 되고
여름날의 사랑놀이로 서걱댔을 옥수수 밭이여.
잉카들도 우리가 살 비비며
자주 보리밭에 숨어들어 파릇한 보리 잎들을
초록 물 넘치도록 짓뭉개듯이
자기키보다 더 큰 옥수수 대를 서걱서걱 무너뜨리며
서걱 소리 나도록 어기찬 사랑을 나눴으리.
살과 살을 맞비비는 사랑이 끝나면 누워서
용암처럼 끓어오르던 숨 고르며
아 하늘이 아득하게 높고 너무 푸르다고
혼잣말하듯이 풀어놓던 픽추였다.
그 하늘은 마추였다. 그렇게 마추가 좋았다.
차 오르기만 하던 숨결이 호수처럼 잠잠해지는
고요는 또 얼마나 조용한 사랑이던가.

사랑이 가라앉은 자리가 꽃 피고 이운 자리 아니던가.
그 자리에도 버릴 수 없는
미련 같은 아쉬움 같은 사랑이 있지 않은가.
사랑은 늘 그런 미세한 떨림이었다.

간밤에 불던 바람 만정도화滿庭桃花 다 지것다
아희는 비를 들고 쓸려 하는구나.
낙환들 꽃이 아니랴 쓸어 무엇하리요*

마추픽추의 사랑은
산사람들의 자연이고 순리였다.
산에 사는 산사람에게 꽃이 진다고 한들
쓸어야 할 비는 무엇에 필요하랴.
나무 잎 떨어지면 가을바람이 불어와 쓸어가고
겨울 눈 자폭으로 쌓여도 봄비 내려 녹이는 것을
새 잎 돋으면 봄이요 단풍지면 겨울인 것을

---

* 병와가곡집 소재 선우협 시조.

산처럼 나무처럼 사는 생에
천지가 무너지듯 꽃이 떨어진다고 한들
비를 들고 쓸어낼 거 뭐 있으랴.
사랑이 아무리 곡절 많게 꽃피고 지더라도
그저 흐르고 가는 대로 맡기면 되리.
영근 옥수수를 따며 서로 사랑하는 노래를
옥수수 술 거르듯이 몸에 배도록
안데스의 햇살과 더불어 내리 받았으리.

옛날에, 옛날에
원시의 옛날에, 돌아가고픈 옛날에
태양만큼 따뜻한 옥수수 열매가 익으면
하늘에 바쳐지는 생명으로서
마추는 픽추와 손잡고 결혼을 하고
곳간마다 하늘만큼 가득히 옥수수를 채우며
마추와 픽추는 발효된 사랑을 하고
픽추를 데려와 픽추를 닮은 아이를 낳을 꿈을 꾸며

마추픽추로 늙어 가리라 소망했으리.
잉카라면 누구나 가졌던 사랑의 서약
누구나의 가슴에 산 하나로 우뚝 서고 싶은
마추픽추가 되리라 빌었으리.

4. 처음 내 상상 속 재생된

처음 내 상상 속 재생된 마추픽추는
감히 발을 들이밀 수 없는
너무 경이로운 자연 속의 신의 도시였다.
태양은 늘 따뜻하고 하늘은 넓디넓었지만
공동체 속의 잉카의 하루는
과연 화평한 일상이고
옥수수 알갱이로 푹 고와 만든
엿 반대기처럼 달콤하기만 했을까.
모든 삶은 늘 바람이 길을 낸다.
사랑도 마찬가지다. 바람이 나는 게 사랑이다.

사랑은 바람을 타는 나비다.
스스로 산 속에 갇혀 살았던 잉카들은
어느 날부터인가의 가슴에 나비를 키운다.
나비의 날개 짓은 불길이다. 상승이다.
해 뜨면서 시작되는 기도와
온갖 소통이 단절된 돌의 공간에서
탈출하고픈 잉카들의 나날에
산을 넘어 어디론가 날아가고픈 나비를 키운다.
산이 있어 바람은 넘고 싶은 길을 낸다.
나비는 바람이다. 바람의 몸짓으로 산을 넘는다.
산이 결국은 사랑과 초월를 키운 것이다.
사랑은 한 번 시작되면 칡넝쿨 줄기같이
어디든 휘감아 오르며
얽기고 설키며 무섭게 자란다.
마추와 픽추의 사랑은 나비의 일탈이었다.

나비야 청산가자. 범나비 너도 가자.

가다가 저물거든 꽃에 들어 자고 가자
꽃에서 푸대접하거든 잎에서나 자고 가자.*

태양은 뜨거운 피로 들끓는 용광로
따뜻한 피로 충만한 자궁이다.
만물은 그 피의 빛을 받으며 자란다.
인간도 태양의 혈류를 받은 자손이다.
피의 시작도 끝도 없는 흐름이 이어지는 강을
인간은 누구나 가지고 죽을 때까지 산다.
사랑은 어떻게 시작되었던가.
받는 데서부터 시작되었다.
대지인 어머니의 젖가슴에서 흰 피를 받아먹으며
흰 피가 차차 붉어지는 사랑을 마시며 자랐다.
흰 피의 순수가 붉은 태양을 닮아가며
피보다 진한 혈연을 마추와 픽추는 깨달았다.
〉

---

* 교합아악부가집 소재 유호인 시조.

모든 사랑에는 근친상간이 들어 있었다.

내가 아기였을 때
어머니의 젖을 빠는 것은 생존만이 아니었다.
먹는 것과 혓바닥으로 젖꼭지를 희롱하는
유희가 내 옹알이 속에 깊이 잠겨 있었다.
어머니 또한 기꺼이 젖을 물리는 것은
자신의 분신 같은
아기와의 달콤한 근친이 있어서였다.
아기가 이빨이 돋으면서
젖을 빨다가 가끔씩 왜 젖을 깨무는지 아는가.
볼기짝을 맞으면서 젖을 빠는 것은
젖을 빨던 기억을 잊지 말라는 사랑의 각인이다.
떼려고 해야 뗄 수 없는 혈연의 근친이다.
세상의 모든 남자는
여자의 젖을 빠는 한 아기가 된다.
여자는 자기의 젖을 내주고 남자를 품어
아기로 만드는 어머니가 된다.

어떤 사랑이든 모성이 깃들어 있다.
근친이 묻어나는 원죄다.
스카알렛 빛 낙인찍힌 원죄가
마추와 픽추의 사랑에도 깃들었다.
고만 고만한 산이고 핏줄이고 근친이다.
산도 푸르러 청산이요 사랑도 푸르러 청산이니
나비야 꽃에서나 자고 가자.

5. 마추는 픽추를 데려와

마추는 픽추를 데려와
또 하나의 아이 마추를 얻고 싶었다.
픽추도 마추에게서 마추픽추를 낳고 싶었다.
안데스의 모든 산들이 마추픽추가 되고 싶듯이
마추와 픽추는 마추픽추 산이기도 한 사람.
그 아이들도 태양신에의 봉사이길 바랐다.
마추와 픽추의 사랑에는 신이 있었다.

사랑은 신에게 가는 길이었다.
그들은 샤먼들이 점지해 준 태양의 자손으로
세속의 잉카와는 다른 그런 아이고 어른이었다.
마추와 픽추는 출생부터 태양의 그늘에서
자기만을 사랑하는 아이로 커갔다.
자기를 위해 농사를 짓고 가축을 기르고
자기를 위해 태양에 기도드리는 아이였다.
산이라고 한들 뭐가 다르랴.
모두가 산을 위한 고개 마루고 돌이고
풀뿌리이고 나무가 아닌가.
산이 천상천하유아독존이 아니면
저리 우뚝 섰겠는가.
마추와 픽추만이 아니라
이 공중도시 사람들은
모두 천상의 삶과 사랑을 꿈꾸며 살았다.
나무처럼 하늘을 향하며 사는 사람들이었다.
그렇지 않으면 어이 인간의 힘으로는 상상 못할

도시를 세울 수 있었으랴.
아니면 태양신이 처음부터 마추픽추를
어머니의 자궁 같은 터로 점지해 주었는지 모른다.
마추픽추는 산의 자궁이었다.
산이 있어 터를 잡고 사랑이 가능했다.
산이 없었으면 어이 태양신의
아들, 딸로서 천상의 삶을 구가할 수 있었으랴.
산이 있어 신의 솜씨가 아니면 짓지 못할 도시를
신의 솜씨를 빌어 돌과 돌 사이를 잇고 쌓아올렸다.
신에로의 헌신이 아니면 안 되는 일이었다.
잉카의 돌에는 검박함이 있다.
돌 틈에 자생하는 쪽 풀처럼
완벽함에 무슨 화려한 양식이 필요하랴.
돌 같은 고집과 그 돌과 흙속에 뿌리를 박고
떠날 줄 모르는 나무와 같은
검박함이 더 무서웠다.
그 뒤엔 신의 이름으로 누구도 못 말릴

광기와 샤먼의 바람이 불었다.
그것은 태풍이었다. 일시에 모든 나무들의
머리채를 휘어잡고 내팽개치는 태풍이었다.
그렇지 않으면 어이 신의 계시처럼
1천명의 잉카의 남녀가 일시에 사라질 수 있으랴.
태풍의 호흡을 아는 콘도르는 지금도
하늘의 눈으로 쏘아보며 본 것들은
비밀인 채 안데스 속의 마추픽추를 난다.

6. 마추와 픽추는 핏줄이

마추와 픽추는 핏줄이 이끄는
이 어찌할 수 없는 사랑이 있어 얽혔다.
신의 후예로 눈이 맞았다.
처음에는 계단식 감자 밭에서
감자 캐는 노래를 마추가 부르면
옛날에, 옛날에 어디서 들었던
낯익은 목소리가 자기 목소리 같아

픽추는 저절로 감자 먹는 노래를 흥얼댔다.
봄비처럼 자작자작 대지를 적시는 노래였다.
봄비를 맞아본 적이 있는가.
깊은 땅속 흙을 깨우고 싹 틔우는 노래를
생명의 노래를 들은 적이 있는가.
그것은 어머니의 노래였다.
누가 가르쳐준 것도 아닌 자궁의 노래였다.
픽추는 노래 소리를 들으며
어머니의 젖이 강물처럼 흐르는 산을 보았다.
산은 마추였다. 픽추가 노래에 화답하면
마추는 따뜻한 젖이 흘러 흙이 부드러워지는
대지의 노래를 느꼈었다.
서로의 사랑이 한 그루 나무로 자라기 시작했다.
산은 하늘 같이 높푸르고 햇빛은 눈부셨다.
여름날의 그 노랫소리가 사랑의 신호였다.
빼꾹 빼꾹 사랑에 배고프다고
온 산을 울리는 빼꾸기소리

오뉴월 빈 대청마루가 울리도록 목청을 틔우고
뻐꾹뻐꾹 산을 들었다 놓듯이 돌방아 찧는 소리
산이 입을 열어 뻐꾹뻐꾹 물먹듯이
낮에 뻐꾸기가 울면 밤에는 부엉이가 울었다.
큰 눈을 뜨고 부흥, 부흥 울며 홍얼댔다.
내 남자 자자 울고 내 여자 연애하자 보챘다.
큰 눈 뜨고 내 남자 지키며
어디 내 눈밖에 나기만 해봐라 견디나보자
문풍지가 떨리도록 홍홍 앙살거리며 살갗이
밤새도록 울었다. 우는 노래가 됐다.
픽추가 사랑하고 싶으면 픽추가
마추가 사랑하고 싶으면 마추가 노래 불러
그 사랑에 산이 흔들리고 산이 앓았다.
서로 심심하면 옆집에 들르듯
옥수수 밭에 가 마추의 옥수수와
픽추의 옥수수가 허옇게 기진할 때까지
맷돌을 드르럭 드럭 갈고 갈았다.

〉

사랑모여 불이되어 가슴에 피어나고
간장 썩어 물이 되어 두 눈으로 솟아난다
일신一身이 수화상침水火相侵하니 살동말동하여라.*

하루라도 안 보면 죽고 싶은 사랑이었다.
사랑은 극점으로 치닫는 불이자 물이었다.
화산과도 같은 그 화산의 용암과 재에 묻히어
살동말동이 아니라 죽어도 좋은
피어나고 솟아나는 탐미의 불이자 물이었다.
근친이 죄가 아닌 시대였다.
처음에는 안데스 산마루의 야생라마였다.
라마가 한가롭게 풀을 뜯듯이
처음에는 라마가 부드럽게 풀을 먹듯이
서로의 상처를 입술로 핥아 내리는
달디 단 라마의 침샘이고 혓바닥이었다.

---

* 작자미상 시조.

하지만 그 사랑 놀음은 뭔가 늘 모자랐다.
숲속의 옹달샘이 아니고
숲 속에서 불어오는 바람이 아니었다.
마추의 숲이, 픽추의 숲이 아니었다.
사랑의 욕망은 길고 긴데 행위는 짧았다.
사랑은 늘 가득 채워지는 물 항아리여야 했다.
픽추의 물 항아리를 채우기에는
마추는 늙어 힘이 부치는 세월을 살았었다.

마음아 너는 어이 매양 젊었는다
내 늙을 적이면 넌들 아니 늙을소냐
아마도 너 좇녀 다니다가 남 웃길까 하노라.*

늙고 늙었구나
탄식이 절로 나오는 육신일지라도
마음을 따라잡지 못하는 몸일지라도

---

* 가곡원류소재 서경덕 시조.

티격태격하는 사랑을 위해 별자리 점도 치며
늙은 마추와 꽃다운 픽추는
서로가 사랑이 푸르게 미끄러지는 초원으로
말을 달리게 할 채찍이 필요했다.
한 번 픽추의 볼기짝을 채찍으로 치면
천둥 번개로 하늘이 찢어지는 비명과
살갗이 터져 피가 쏟아지는 아수라의 절규와
뜨거운 용암의 불길 속에 녹는 인간의 멍에여.
사랑은 끊임없는 변신이다.
픽추가 발정 난 암말이 되어 우는 변신이다.
신의 이름이 걸리지 않은 인간의 사랑은
물 흐르듯이 흘러갈 수 없다.
반역의 사디즘이고 마조히즘이었다.
사랑에는 아픔과 상처가 있어야 했다.
그 상처는 상처에 다시 상처를 내는 잔인한 상처였다.
사랑은 상처의 느낌이었다.
태양처럼 붉고 둥근 완벽한 상처여야 했다.

피는 늘 끓어 넘치는 샘이고 분수였다.
태양이 사라진 밤이면
태양 대신에 작은 심장을 태우며
사랑을 해야 했다. 사랑 중에 가장 미치는,
근친의, 죄 많은, 잔인한
아픈 희열로 처절히 울부짖어야 했다.
바람이 분다.
숲이 움직인다.
조그만 오솔길을 걸어보면 사랑을 태우며
숲이 내뿜는 피톤치드의 숨소리.
숲이 머리를 풀고 꿈을 꾸기 시작한다.
세상 모두가 형제고 자매라고 운다.

7. 근친의 사랑일수록

근친의 사랑일수록 색에 미쳐 갔다.
색은 꽃 진 자리에서

꽃이 피어나던 소리를 듣고 암향暗香의 맛과
촉감을 감촉하는 인연과 같았다.
난蘭에도 색이 있어 미치면 이러하거늘
누가 미치라고 해서 미친 사랑이 아니었다.
누가 가르쳐준 적도 없는 본능이었다.
밤이면 축제가 벌어졌다.
심장을 꺼내어 북을 만들고
페루드란스의 널름대는 혓바닥. 횃불을 밝히고
소리를 듣고 맛을 보고 살의 향기와 촉감을 느끼려고
페루드란스처럼 뒤에서 독을 쏘듯이 박았다.
구멍은 적도赤道 밀림 속 깊은 동굴이었다.
동굴 하나로 모든 게 가능했다.
산이 양성兩性처럼 품어 사는 동굴이었다.
동굴에 드는 데는 앞과 뒤, 상과 하가 없었다.
동굴은 원. 무엇이든 싸안는 달덩어리.
달빛 아래서의 섹스는 춤이었다.
바람의 향기가 흐르는 론도의 물결이다.

오줌주머니 터지듯 달빛은 주룩주룩 흐르고
오줌주머니 터지듯 달빛은 가득 차 주룩주룩 흐르고
우우우 괴성이 저절로 터지는 밤이었다.
하늘을 향해 울부짖는 괴물이 탄생하는 밤이었다.
모든 짐승들이 새끼를 낳는 진통과 기쁨의 밤이었다.
마추와 픽추의 사랑도 밤낮으로 이어졌다.
그리움이 없으면 어이 사랑을 하리.

바람 불으소서 비올 바람 불으소서
가랑비 그치고 굵은 비 들으소서
한 길이 바다가 되어 임 못 가게 하소서*

바람이 분다. 숲이 운다. 비가 와서
산이 젖으며 운다. 울면서 숲이 흔들린다.
우루밤바 강도 임이 떠날 수 없다고 같이 운다.
흙살들이 트고 갈라진다.

---

* 시조 작자 미상.

나무들이 싹을 틔우려나 보다.
인간들의 사랑보다는 나무들이
길도 없는 자갈과 흙뿐인 암흑 바탕을 뚫고 나와
초록 싹 틔우고 꽃피어 열매 맺는 그 사랑이
우리네 사랑보다 열배 스무 배는 더 간절치 않으랴.
못 가게 하소 못 가게 하소 임 못 가게 하소서.
혀가 타는 살의 갈증, 마음의 허기진 공복을 채울
색과 향기를 실어 나르는 잠 못 이루는 바람의
그리움이 없으면 어이 사랑을 노래하리.
태양의 후예로 높은 곳에
집을 짓고 살아야 된다는 믿음을 가진
잉카는 잉카만의 마추픽추가 있었다.
마추와 픽추가 있었다.
픽추는 자꾸 쪼그라들고 늙어가는 마추에게
마카보다 라마의 생피를 잡수시라고 했다.
그러면 나는 그대의 입술을 먹겠다고 했다.
질겅질겅 피 칠하는 승냥이가 되고 싶다 했다.

사랑은 몬도가네가 되어갔다.
사랑은 원래 눈먼 것이지만
근친은 죄이면서 죄가 아니었다.
신神에게 가는 길은
정신으로 가는 것이 아니었다.
언제나 육의 헌신이었다.
마추픽추에서는 태양신에 올리는 산제山祭가 있었다.
늘 태양같이 뜨거운 심장을 바쳐야하는,
육을 헌신하는 육화肉化된 사랑이 있었다.

8. 슬프구나, 육체는 사랑 앞에서

슬프구나. 육체는 사랑 앞에서
모든 것을 다 줄 수 없어 슬프구나.
마조나 사디는 다 줄 수 없는 사랑으로
접 붙여 싹을 틘 변종 나무다.
그 나무를 타고 오르는 물줄기고 잎이다.

나무는 늘 목이 마르다.
때로 목이 말라 바람을 불러
회오리치며 미쳐가는 나무를 본다.
신의 거대한 손이 채찍처럼 후려쳐
희열하는 나무를 본다.
비를 부르는 사랑 앞에서 무엇이 두려우랴.
신에로의 헌신인 사랑은 가장 무서운 광기다.
상처도 상처로 아프지 않을 때까지
아무리 슬퍼도 슬프지 않을 때까지 간다.
맨 정신으로는 할 수 없는 미치는 사랑을 위해
신의 이름으로 코카나무를 심었다. 사랑은 마취다.
숲이 마취된다. 나무들이 미친 듯이 흔들린다.
숲으로 이루어진 산도 마취되었다.
슬픔이 슬프지 않을 때까지 마취시킨다.
슬픔의 통곡이 열락의 비명이 될 때까지
기어 다니고 뒹굴고 뛰뛰는 도취상태가 된다.
코카 잎은 몸속에 신선한 공기가 모자라

눈앞의 사물들이 흔들릴 때 호흡을 가다듬느라
고산병 증세에 썼던 순수한 약제였다.
마추 앞에서, 픽추의 무릎 아래서
사랑은 더없이 황홀한 고산병.
그 순수가 사랑의 통증을 달래려 사용됐다.
사랑은 독이다. 독이 몸속에 들어가 마취시키는 행위다.
말벌이 바퀴벌레에게 가 독을 넣듯이
말벌이 바퀴벌레에게 가 마취시키듯이
사랑은 독이고 꿀이다.
사랑과는 상관없이 말벌이 바퀴벌레에게 알을 낳고
바퀴벌레는 그 알을 부화시킨다.
쾌락이 없으면 어떠랴. 종이 다르면 어떠랴.
그러면서도 사랑은 쾌락을 따르게 마련이었다.
때로는 사랑은 종을 위해 물불을 가리지 않는다.
때로는 사랑은 종을 위해 물불을 가리지 않는다.
마추픽추는 그런 불과 물을 먹는 나날이었다.
마추는 픽추를 마취시키려고 했다

모든 사랑이 그러하듯이 고인 물이 아니었다.
처음 실개울 흐르듯 마추의
잔잔한 사랑노래에 배를 띠운 픽추는
물결이 흐를수록 강이 되고 바다가 되고
파도처럼 거대한 산 덩어리로 뒤집히길 바랐다.
사랑은 불이다.
재가 될지언정 화산처럼 솟구치는 상승이다.
만족하면서도 만족이 없는 것이 사랑이다.
모든 사랑은 초월을 꿈꾸며 날고자 하는 새다.
모든 사랑은 완벽을 꿈꾸고 영원을 바라지만
한 송이 꽃이 피어 영원하지 않듯이
내일을 기약하며 시들듯이 쉼 없는 윤회의 몸짓이다.
들꽃을 꺾어다 보금자리를 만들었던
마추는 꽃이 없는 겨울을 상상 못했다.
안데스의 거대한 암벽에 순백의 흰 눈이 쌓이고
처음 설원雪原에서 서로 알몸이 되어 뒹굴며
눈 위의 떨어뜨린 딸기 빛 피 한 방울을

픽추의 선홍빛 꽃 같던 피에 대한 상처는
혹한의 마추픽추의 눈밭을 녹였었다.
세상을 향해 모든 것을 다 주듯이
처음 문을 연 꽃은
한 떨기 에델바이스처럼 눈밭 위에 붉었다.
그 오랜 추억이 픽추를 위해 들꽃 대신
마추는 마른 옥수수 대를 깔아 침실을 만들고
돌집 한구석에 따뜻하게 타오르는 모닥불을 피웠다.
모닥불밖에 피울 줄 모르는 사랑이었다.
사랑의 욕심은 신도 어찌할 수 없었다.
옥수수 대로 침대를 엮은 수수한 마음도
하루하루 쌓이며 무거워졌다.
타다 남은 찌꺼기도 많아졌다.
픽추는 부어도, 부어도 채울 수 없는
사랑의 그릇을 가진 여자였다.
마추는 자신을 위해 픽추의 그릇을 채워야했다.
마추와 픽추는 방울뱀과 다람쥐의 관계가 되어갔다.

픽추가 마추의 사랑에 면역될수록
마추는 다람쥐인 픽추를 사로잡기 위해
방울뱀이 되어 점점 독한 사랑의 독을,
쏘이면 죽는 독을 만들어야 했다.

세상에 약도 많고 드는 칼이 있다 하되
정 베일 칼이 없고 임 잊을 약이 없네
두어라 잊고 베이기는 후천에 가 하리라*

오늘만이 있는 독이었다
독이 칼이 되고 칼이 독이 되리라.
그 독은 사랑이 그러하듯이 자생이었다.
내일이 어디 있으랴.
만일 하루아침에 세상의 산과 숲들이
다 사라진다면 산 마추픽추도 없고
마추와 픽추의 사랑도 없을 것이다.

---

* 시조 작자 미상.

산과 숲이 없는 사랑이 어이 있으랴.

9. 사랑의 향기에는

사랑의 행위에는 어떤 룰도 없었다.
순간의 행위가 진실이며 실존이었다.
사랑은 욕이다. 어느 날 픽추는
가볍게 장난으로 마추를 욕하고 싶어졌다.
산에서 태어나 산밖에 모르고
산을 믿고 살다 죽는 줄로만 알고 있는
마추는 산이 듣고 성낸다고
욕하지 말라 했다. 욕이 두려웠다.
산이 들을까봐 심장이 뛰었다.
심장이 뛰는 것을 알지 못하며 살다가
무슨 큰 죄를 지은 듯
심장이 뛰니 죽을 것 같았다.
그 심장은 두려워 뛰는 심장인데 이상하게

사랑이 두려운 심장으로 변했다.
욕해대는 픽추가 그저 이래도 그저 저래도
사랑스러웠다. 사랑에 미치면
눈에 콩깍지 쓰인다는 말이 그래서 생겼다.
우연히 뱉은 욕이 자궁에
자목련 꽃 피듯 뜨겁게 다가왔다.
할수록 새록새록 사랑의 욕망이
픽추의 욕설이 마추의 마음을 더욱 달뜨게 했다.
그러나 사랑은 신도 만족시킬 수 없는 것이었다.
진땀이 나는 놀이가 끝도 없이 이어졌다.
마치 CD 음반과 같았다.
한 곡이 끝나면 다음 음악이 돌고 돌았다.
앙코르의 박수가 터질 때까지 계속되어야 했다.
하늘 끝까지 숨차 오르는
절정에서 거친 욕설이 기총소사로 퍼부어졌다.
사랑은 상대가 있는 호응이다.
쏘면 같이 쏘고 싸면 같이 싸야 했다.

픽추가 뱉는 욕이 마추에게 점점 이상한 쾌감을 주었다.
사랑은 때로는 어디로 가는 줄 모르며 길을 간다.
미로다. 마약과 같은 미로다.
산 속에서 어디로 가느냐고 길을 묻지 마라.
한 번 잃은 길은 다시 찾기 어렵다.
미친 듯이 방황하며 길을 갈뿐이다.
이 원수야 원수야 하면서 길을 간다.
길이 어디냐고 묻지 마라. 아무도 모른다.
어느 날 픽추는 마추가 싫어졌다.
산의 서쪽에 대고는
힘없이 사라지는 해와 같아 싫다고 호소했다.
산의 동쪽에다가는
붉끈 솟아오르는 태양의 심장을 가진 용사를 달라했다.
마음속에 말 어디 털어놓을 곳 없어
산에다 대고 조그마한 소리로
임금님의 귀는 당나귀라 해도 다 알아듣는
숲이고 산이시니

산은 다 알아 들었을 것이라고 털어놨다.

이리하여 날 속이고 저리하여 날 속이니
원수 같은 임은 잊은 적도 하다마는
원수야 원수일시 옳도다 잊힐 적이 없어라*

사랑은 왜 원수인가. 사랑하니까 원수다.
사랑한다고는 차마 말 못하고
알아들으라고 하는 욕이 사랑이다.
못 잊으니까 원수다.
잊으려면 더 못 잊는 원수가 임이다.
콘서트가 끝난 뒤의 허무의 끝에서 다시 불붙는
사랑이 무엇을 가져오는지를.
사랑에 불이 붙기 때문이다.
두 몸이 부싯돌에 불붙듯이 불이 튄다.
코카나무가 살랑대는 밤이었다.

---

* 청구영언 소재 시조 기녀 송이.

분말이 된 코카나무들이 코로 들어왔다. 신이 보였다.
사랑은 코카 신이 만든 천국이었다.
마추는 픽추의 사랑의 우물에 빠져 죽고 싶었다.
픽추는 마추의 불기둥에 모질게 맞아죽고 싶었다.
그저 원수야, 원수야 이 원수야 욕하면서
괜히 죽고 싶은 사랑이었다.
사랑하면서 죽고 싶지 않은 사랑이
동서남북 사해 천지에 어디 있으랴.
때로는 말뿐이 아니라 진실로
죽으면서 신에게로 가고 싶었다.
코카인의 마취 속에 사랑은 천만 개의 독으로 퍼졌다.
색동 무지개가 아닌 사랑의 만다라였다.
픽추가 먼저 마추에게 입술을 뜯어
자기의 피를 먹으라고 했다. 픽추의 입술이 터졌다.
피의 강이고 바다가 됐다.
마추는 드라큘라의 이빨을 세워 피를 빨았다.
산 속의 시간은 드라큘라를 기다리는

시간처럼 그 시간처럼 멈췄다.
시계는 두 개였다.
가는 시간과 멈춘 시간 둘이었다.
사랑은 멈춘 시간이었다.
영원히 멈추었으면 좋을 시간이었다.
픽추는 멈춘 시간 속에 장닭 벼슬 빛의 피를 쏟으며
민들레꽃 퍼지듯 허옇게 허옇게 웃었다.
봄날 햇살 속에 자꾸 자꾸 미친 듯이 히히대며
붉은 피가 하얀 웃음꽃 필 때까지 민들레 꽃씨로 흩어졌다.
픽추의 몸 전체에 어지럽게 입술 도장이 찍어졌다.
피의 낙관이었다.
그만큼의 희喜의 꽃이고 열悅의 절정이었다
코카인으로 마비된 시간은 멈춘 지 오래었다.
육욕은 아무리 미화해도 육욕일 수밖에 없다.
육욕肉慾은 육욕肉辱이었다.
천상의 시詩 같은 도시 마추픽추에서
육욕의 사랑이 불붙었다.

산은 그의 품에서 무슨 일이 일어나든 외면했다.
천지가 개벽하듯 산사태로 무너지며
돌이 짐승 뼈 꺾어지는 소리로 굴러 내리고
눈사태 져 탄저균처럼 휩쓸어도 모른 체했다.
하물며 사람의 일이야.
마추픽추의 멸망이 시작되었다.
세상에 밝혀서는 안 되는
걷잡을 수 없는 불길이 역병처럼 번졌다.
잠시 신의 굴레를 떠나
진실로 인간이 되고 싶었던
사랑이 난교의 혼란을 가져 왔다.
불러들이고 내쫓고, 내쫓고 불러들였다.
인간이 뱀처럼 징그럽게 꿈틀거리는 밤과 낮이었다.
사랑은 사람과 사람간의 대용물이 되어 갔다.
마추의 모자라는 힘은,
늙은 오페라 가수의 아리아를 젊은 가수가 대창하듯이
다른 사내가 대신했다.

사랑은 버림받지 않기 위하여
끝없이 대창을 써야 하는 오페라 무대였다.
산은 무슨 일이든
마음에 담지 않고 기억하지 않았다.

마추와 픽추에게도 한때는
어찌 발에 맞지 않은 신데렐라의 유리 구두 같은
인간으로서의 사랑의 고뇌가 없었으랴.
뒤틀린 근친과 잔인한 사디에 인이 배기 전에는
이상한 길로 내닫는 몸짓이 마치 형벌이어서 신은
왜 저희들에게 이런 짐을 주셨느냐고
수없이 눈물로 기도하며 회개하는 나날도 있었다.
산에 성스러운 제사도 올렸다.

그러나 이 사랑도 신이 주신 놀이였고
숙명의 굴레여서 깊어 갈수록 광신도가 되어갔다.
모든 게 신을 빗대어 말하면 되는 놀이였다.

마추픽추에서는 5월이면 밭에 나가 수확을 하고
6월이 오면 오페라 무대 같은 축제를 벌였다.
태양신을 부르는 축제의 절정은
축구 경기이자 농구 경기 같은 놀이였다.
발로 차던 공을 농구처럼 손으로 바구니에 넣는 놀이였다.
하늘 높이 달린 바구니는 신의 자궁이었다.
신의 자식으로 태어나 살다 신의 자궁으로 돌아가는
경기에는 목 잘린 인두人頭가 사용되고
심장은 태양신에의 신성한 제물로 바쳐졌다.
광기 어린 몬도가네의 믿을 수없는 일들이
신의 이름으로 환호 받는 세월이었다.

보거든 슬밉거나 못 보거든 잊히거나
네 나지 말거나 내 너를 모르거나
차라리 내 먼저 죽어서 제 그리게 하리라*
〉

* 고금가곡 소재 시조 고경문.

사랑은 끊어진 끈이어도 끈이다.
사랑이라는 이름에도 신의 센 입김이 서려 있어서
잉카의 어느 누구도 마추픽추에서는
사랑의 꼭짓점에서 죽는 것이 열락이자
신에게 가는 정화의 길이었다.
산이 저기 있듯이 사랑도 그렇게 있었다.

10. 꽃이라고 다 같은 꽃이랴

꽃이라고 다 같은 꽃이랴.
싹눈 트듯 잎 필 때는 모두가
아주 여리고 여린 연초록이더라도
햇볕과 비바람 속에 시달리다 보면
연초록도 진초록으로 독기 서리지 않으리.
피는 꽃도 있으면 지는 꽃도 있으리.

봄이 간다하거늘 술 싣고 전송 가니

낙화 많은 곳에 간 곳을 모르겠네
버들숲 꾀꼬리 이르기를 어제 갔다하더라*

산은 꽃이 피면 피는 대로
꽃핀 봄이 떠나면 가는 대로
가고 오는 길을 묻지 않고 보낸다.
산은 늘 본本이다. 산은 움직이지 않는다.
보내고 맞는 것들이야
정에 움직이는 저들이 하는 일이 아니겠는가.
술 한 잔이면 무엇이든 족하지 않으리.
사람도 그와 같아서
좁쌀에 뒤웅박 파는 사랑 눈 떠
빗나간 사랑이 죄라 손가락질하면
이 어찌 할 수 없는 사랑의 죄가 죄라면
누군들 달게 받지 않으리.
한 이름 없는 풀포기처럼

---

* 청구영언 소재 시조 조윤성.

둘이서 몸과 마음을 섞으며 나눈
하룻밤 은밀한 베갯밑송사에도
만리장성을 쌓았다 허물듯이
어찌 한 생애의 긴긴 약속이 없었으리.
어찌 뱉어서는 안 되는 말도 없었으리.
산이 잠든다고 그냥 잠들었으리.
픽추가 귓속말로 마추에게 뱉은
동백꽃 생피의 목 살점
뚝뚝 떨어지듯 죄가 되는 말
태양보다 더 소중한 사람은,
아무리 별들만
무성한 말을 남발하는 밤이더라도
토네이도였다.
마추의 가슴속 태양신을 죽이고
마침내 마추가 픽추의 태양신이 되는
밤의 말씀이었다.
거대한 선인장이 통째로 뽑히는

회오리바람이었다.
촘촘 가시가 돋아 뽑히지 않을
선인장도 쓰러지는 바람이었다.
돌아버릴 것 같은 돌개바람이었다.
입 밖에 내기가 무섭고 두렵지만
믿었던 하늘이 무너지고 다시 가슴에
마추픽추의 거대한 산을 신전으로 세우는
거역할 수 없는 사랑이었다.
열 개의 생손발톱이 다 뽑혀 절규하는
형틀에 매인 몸이 되더라도
누가 이끌었는지도
무슨 귀신에 홀렸는지도 모르지만
마추는 속마음의 태양신을 죽였다.
아버지를, 어머니를 죽이듯이 신을 죽였다.
그 광란의 사랑에 목매달은
잉카이기를 거부한 몸짓의 잉카였다.
바람이 불지 않더라도

스스로 바람을 만들고 흔들리는 꽃이 있듯이
천만만 잉카가 죄라 손가락질 하더라도
그 손가락을 빨며 거역의 정신으로
온몸을 던지며 절대의 벽 앞에서
거역과 반항의 정신으로 살다간 자유인이 되었었다.
어느 시대인들 이런 사람 없었으랴만
마추와 픽추의 빗나간 사랑은
거역하는 마추꽃이었고
반항하는 픽추꽃이 되었다.
문 열어라 꽃아, 문 열어라 꽃아.
벼락과 해일만의 길일지라도
문 열어라 꽃아.*

11. 닫힌 문을

닫힌 문을 박살내 듯 봄이 터졌다.

* 서정주 시 꽃밭의 독백 부분.

산을 흔들어 모든 미물들을 깨우는
봄 우뢰도 들렸다.
뱀들이 끊임없이 꿈틀거린다.
봄이 깬다. 안데스 계곡을 흐르는 물줄기도
꿈틀꿈틀 흐르고 모든 사물들을 몸을 부풀러
초록잎 같은 사랑을 틔우려 몸살을 한다.
깨어난 사랑이 벌거숭이로 덩실덩실 탈춤을 춘다.
율동이다. 잉카의 남자들은 페루드란스였다.
뒤에서 소리 소문 없이 다가와
여자에 밀착하고 돌기둥을 박았다.
마주보는 충돌이 아니라
일직선으로 같이 흘러가는 물결이었다.
짐승 같은 원시본능이 춤이 됐다.
사랑하는데 얼굴을 모르면 어떠냐.
얼굴은 보면서부터 죄가 생긴다.
사랑은 탈이다. 탈을 쓰면 아버지도,
탈을 쓰면 어머니도……

탈을 쓰면 죄도 부끄러움도 없어진다.
탈을 쓰면 모든 일들이 나의 일이 아니고
가면의 타자가 된다.
세상 어디에서든 타자가 된다.
가면을 쓰지 말자면서 가면을 쓰게 된다.
사랑하는데 이름을 모르면 어떠냐.
이름을 기억하면 사랑이 지워지지 않는다.
각인되는 사랑은 형벌이다.
물처럼 흘러야 새로운 물이 들어온다.
사랑은 다 소모해야
새로운 공간이 생기고 찾아오는 것이다.
오늘 하루 이 순간 다 소진하면
내일 또 사랑은 찾아오고 할 수 있으리라.
내일 태양이 뜨듯이 신은 사랑을 주시리라.
사랑에 사랑만 있으면 되었지.
뭐가 필요하냐. 사랑에 행위만,
즐거운 행위만 있으면 되었지 뭐가 필요하냐.

페루드란스처럼 꿈틀대는 쾌락이여.
스스로를 소멸시키는 사랑에 얽매이고 말았구나.
너는 사랑의 감옥에 갇히고 말았구나. 갇혀서
떠나고 싶어도 떠나지 못하고 갈구하며
산이 움직이는 걸 보았느냐.
움직여서 5리를 가더냐, 10리를 가더냐.
사랑 없이는 살 수 없는 중독자가 되었구나.
이어지는 밤이 깊으면 따라가는 낮도 깊으리라.
끝내는 탈을 쓰지 않고도 탈을 쓴 것 같은
사랑에 무지한 밤이 시작되었구나.

사랑 거짓말이 임 날 사랑 거짓말이
꿈에 뵌단 말이 그 더욱 거짓말이
나같이 잠 아니 오면 어느 꿈에 뵈이리*

탈을 쓰지 않고 시작하는 사랑은 없다.

---

* 병와가곡집 소재 시조 김상용.

탈을 쓰고서 진실을 맹세한다.
사랑은 거짓을 찾아가는 길이다
마추와 픽추는 생시에서건 꿈에선
스스로를 매여 가며 탈춤을 추었다.
나 잠 아니 오면 어느 꿈에 뵈이리.
탈 난 사랑, 춤으로 다스리려고 탈춤을 추었다.
산 앞에서 진실로 움직임이 없는 산 앞에서
탈춤을 준 피에로였다.

12. 지난 가을 꽃빛도

지난 가을 꽃빛도 선명하던 야생화들이
내 삶의 끝에 본 바시박 꽃일 수가 있듯이
사랑도 이 시각이 지나고 나면
이승에서 두 번 다시 겪을 수 없는
쓸쓸하고 우울한 겨울을
이 고산지대에서 어떻게 지냈는지

고양이는 산소 결핍증도 없는지
겨울 내내 죽은 듯이 보이지 않던 고양이가
내 눈 앞에서 봄밤을 가르고 유유히 지난다.
고양이가 한 겨울을
무엇을 먹고 어떻게 지냈는지 나는 모른다.
하지만 한 번인지 두 번인지 모르지만
암고양이는 살기위하여
사는 것이 사랑하는 것이므로
길고 긴 겨울에 심심하기도 한 암고양이는
어느 수고양이하고 짝지어 살았으리.
아니다. 겨울 내내 수고양이의 액을 먹고 살며
소리 소문도 없이 붙어서 새끼를 가졌다.
그 사랑은 겨울에 새끼를 배고 봄에 낳아
다시 새끼가 자라 다가오는 겨울을 견뎌내는
자연으로 터득한 야생의 섭리다.
고양이야, 고양이야 새끼를 밴 고양이야
너는 겨울에 새끼를 가져

모성으로 배불러 겨울을 따스하게 지낸 너는
이 밤 황제처럼 마추픽추를 거니누나.
나는 언제나 야생의 살기를 띤
너의 걸음이 조용한 혁명처럼 두렵구나.
마추와 픽추도 혁명처럼 뒤집고 엎으면서
사랑을 태웠어도
너처럼 갖고 싶었던 핏줄을 얻지 못했구나.
사랑은 쾌락만이 아니다.
사랑은 허무이더라도 위로가 필요하고
그러기위해 아기가 있어야 했다.
아기는 부부에게는 흔들릴 수 없는 산이다.
아기가 있어 사랑이 진실 되고
아기가 있어 부부가 노래하고 신을 믿게 된다.
아기가 없다는 것은
신에게는 씻지 못할 죄다.
아기가 있어 포근한 구름 포대기를 덮어주고
살랑살랑 초록 잎을 흔드는

자장가를 부르고 싶었던 마추와 픽추는
면죄부인 아기를 못 가진 마추와 픽추는
죽음의 사랑으로 치달았다.
고양이야 늬가 마추픽추에서
심장을 꺼내 태양의 제단에 바친
죽은 시신들을
썩지 않는 인육을 다 거둬 갔느냐.
콘도르가 채어가고 남긴
몇 백 년을 먹어도 남을 그 뼈와 살을
쥐도 새도 몰래 다 가져갔느냐.
야생의 사랑은 살기殺氣처럼 무섭다.
소리 소문도 없이 인육을 먹는 고양이야.
인광燐光처럼 눈이 푸른 고양이야.
나는 네가 어디서 사는지 알지 못한다.
네가 사는 곳을 알면
내가 맡을 인육냄새 때문에 세상천지가
갑자기 송장 냄새로 진동할까봐 찾지 않는다.

안데스의 칠흑 같은 어둠에서
너는 황제처럼 자유롭구나.
눈멀어서 모든 사랑에서 자유롭구나.
비밀이 지켜지는 모든 음모에서 자유롭구나.
산이 자유롭듯이 너는 자유롭구나.
마추픽추도 자유롭구나.

13. 마추와 픽추의 사랑은

마추와 픽추의 사랑은
서로가 하늘이고 땅이었다.
마추가 하늘이면 픽추는 땅
픽추가 하늘이면 마추는 땅
서로가 하늘하늘 서로가 땅땅했다.
하늘과 땅 사이에 산이 있었다.
산은 어떤 때는 부드러운 땅이고
때로는 창창한 하늘이었다.
마추가 땅에 심는 콩이면

픽추는 하늘로 자라는 콩이었고
픽추가 땅에 머리 박는 콩이면
마추는 하늘로 머리 디밀은 콩이었다.
마추가 9이면 픽추는 6이고
픽추가 9이면 마추는 6이였다.
사랑을 할 때면 6이 9가 되고 9가 6이 되었다.
서로가 하늘이고 땅이고 산이었다.
서로가 항문을 긴장시키고
사랑의 꼬리를 갈퀴로 만들어 걸려고 했다.
손가락이 걸리고 발가락이 물렸다.
옆으로도 6이 되고 9가 되었다. 6과 9의 사통팔달.
물에 뜨면 배, 하늘로 날면 비행기
마추가 픽추가 되고 픽추가 마추가 되었다.
이 기이한 놀이가 재미있었다.
누가 가르쳐 준 놀이도 아닌데 놀게 되는
놀이가 신기하고 자연스러웠다.
사랑은 무슨 일이든 할 수 있는 천진이었다.

사랑은 끝없는 변신
산이 철따라 변하듯
변하지 않고는 살지 못한다.
마추가 픽추가 되는 놀이는
사랑만이 할 수 있는 요술이었다.
그 사랑은 콩 심은데 콩 나는 놀이긴 하지만
콩 심은데 콩이 나지 않기도 했다.
하나의 마추를 바라는 사랑놀이가
마추픽추의 달밤이 되기도 하고
마추를 닮은 마추와 픽추를 닮은 픽추가 아닌
다른 아이를 주기도 했다.
그런 아이라도 갖고 싶은,
그 아이는 데려온 아이다. 그러면 어떠냐.
자기가 낳은 아이는 우루밤바 강
다리 밑에서 주워왔다고 하여 아이를
우루밤바 강물처럼 서럽게 울게 하지만
자기가 낳지 않은 데려온 아이는

언제 어디서나 내가 배 움켜쥐고 낳은 아이다.
나 같은 아이면 어떠냐. 나는 나를 닮은 아이다.
마추와 픽추가 없는 나다.
아이를 가질 수 없는 빈 밭인 픽추다.
여자가 빈 밭으로 어이 사느냐.
아이가 없어 산을 넘으며 처절히 우는
바람소리를 들어 보았느냐.
산은 숲으로 그 숲의 나무들로 노래도 하지만
때로는 회오리바람으로 울부짖는다.
산도 아이가 없으면 삭막하게 운다.
적도의 빗줄기도 소문뿐인 마추다.
산에 오는 빗소리를 들어 보았느냐.
몸 전체로 젖으며 헛되다, 헛되다
고해성사하듯이
모든 소리를 풀어놓으며 운다,
가진 게 없는 자는 물이 없는 자다.
비가 스쳐가는 소리처럼 떠나야 한다.

나는 계단식 밭 한 뙈기와
좋아라 옥수수 감자를 더 가질 수 있는 아이다.
이룰 수 없는 거짓인 줄 알면서도
이 기이하고 슬픈 놀음이 좋다는 듯이
사랑놀이를 하는 마추와 픽추여.
마추와 픽추는 마추와 픽추를 만들고
잉카는 잉카를 만든다고
하늘같이 믿는 슬픈 몸짓이다.
그런 잉카들이 마추와 픽추의 동네에 살며
마추와 픽추가 됐다. 마추픽추가 됐다.
산이 됐다. 산처럼 첩첩산중이 됐다.
헤쳐 나갈 수 있겠느냐.
불임의 잉카들이 불임이 안 되려고
사랑이라는 이름으로 무슨 짓인들 했던……
마추픽추는 늙은 봉우리.
불임의 다른 이름이다.
산도 고개 끄덕이며 인정한 불임이다.

만나서 사랑하며 생긴 대로 살아간 업보다.
어쩔 수 없다.

14. 세살 같은 사랑은

세살 같은 사랑은 무섭더라.
무서운 자유더라.
세상의 모든 것들을 꽃 보듯이
탐나고 아름다운 것은 다 자기 것이더라.
남의 것 내 것이 없이
갖고 싶은 것은 다 내 것이더라.
사랑은 철모르는 독재더라.
마추는 픽추에게 자기가 아닌 다른 남자와
사랑해도 좋다고 했다.
아니 서로가 사랑을 찾아다녔다.
날카로운 가시나 경계가 없는 철조망이었다.
문밖을 나서면 누구에게 매인 누가

내 사랑이라는 그림자는 없었다.
사랑하는 순간 내 것이면 되었다.
세 살이어서 순수하면서도
세 살이어서 무서운 게 없더라.
세 살배기 사랑에 인 박이었을 때
사랑은 자유로운 것이 아니라
갇히고 묶인 것이더라.
그림자처럼 떠나지 못하고
분신이 없으면 살지 못하는
사랑의 젖이 되더라. 감옥이 되더라.
마침내 저질러지고 갇힌 사랑은
죄짓지도 않았는데 죄인이 되어
목숨이 버려지더라.
목숨이 버려진 도시는 폐허로 남더라.
버려진 것들은
반드시 누군가가 거둬가더라.
산에 나무를 심듯

나무처럼 목숨들을 심더라. 묻더라.
산이 아름다운 것은 그 땅에서 돋아난
나무들의 초록 살결 때문이더라.
초록은 어이 하여 잎에서 나와
또 한 세월을
세 살 같은 사랑으로 살다 가려 하느냐.

15. 마추와 픽추는

마추와 픽추는 토속 속의 토속
원시 속의 원시
뭣 때문에 농사나 짓지 맨손지기로
사랑에 매달렸을까.
때로는 무식하고 무모했다.
산이 무식한 걸 보았느냐.
지혜롭지 않은 산은 산이 아니다.
산사태로 무너지는 흙마저도
흙은 영원하고 또 하나의 터전을 장만한다.

산은 온갖 나무와 풀들을 낳아 기르며
꽃 피우고 열매 맺는 순환을 거듭한다.
마추와 픽추는 산에 살면서도
슬프게도 산을 닮지 못했다.
사랑의 꿀이 끝이 없는 줄만 알았다.
성난 들소의 등줄기를 닮은
안데스 산맥을 적시며 비가 왔다.
산등성이의 나무들은 짐승의 털처럼
교감신경이 곧추섰다.
안데스가 전신만신 비에 젖으니
밭일을 하던 마추와 픽추도 비에 흠뻑 물들었다.
옷이 필요 없는 알몸의 비였다.
알이 되는 비였다. 방울이 되는 비였다.
알이 되어 방울 소리를 내며 구르는 비였다.
빗방울은 구르고 흐르는 노래였다.
비도 알몸이고 마추와 픽추도 알몸이 되었다.
서로의 살갗에 미끄러운 비,

서로의 뺨에 희희덕대는 비
서로의 젖꼭지에 달콤한 비, 비, 비, 비……
비를 닦아주며, 미끄덩거리는 비로 비비고 닦아주며
자꾸 미끄덩미끄덩 미끄러지고
속도를 내면서 물 범벅이 된 사랑은
좀 더 조금 더 즐거움을 위해
수수한 잎사귀 옥수수 살결을 벗어나
옥수수 알갱이 같은 젖꼭지를 혀로 굴리고
옥수수 이빨로 살짝 깨물던 사랑이
깨물다 좀 세게 깨물면 가는 비명이 느낌이 되었다.
그 비명이 좋아서 좀 더 세게 깨물면
비명은 아프게 지금 사랑하고 있다는 느낌
비도 울고 사랑도 달콤하게 울고 노래처럼 울고
아 산도 같이 비 뿌리는 바람결에
초상집도 아닌데 흐느끼다
하늘이 젖으니 주저앉아 넋 빠진다.
그 비명이 좋아서 허브에서 코카인으로

환각의 비가 되고 출렁출렁 춤을 추고
허브를 미끼로 입에 물고하는 키스보다
코카 잎 씹듯이 하는 입맞춤
뒤엉켜 하는 키스는
미세하게 혀끝과 혀끝이 전파처럼
혀와 혀로 달달 대다 마침내는
몸속의 공기를 다 흡착기로 빨아들이듯이
서로가 질식할 때까지 빨아들이고
그러다 옥수수 알갱이 이빨도 성가셔
고대적古代的 차이나 부호마냥 호사스럽게
일렬로 두루룩 다 빼버리고
잇몸뿐인 오물뜨기 육질이 되어
서로가 비가 되어서 마추는 픽추에게
픽추는 마추에게 지린내 나는 비를 내린다.
화장실이 없는 마추픽추여.
비는 누가 가르쳐준 적도 없는 사랑의 물
사랑의 항아리에 담아야 할 물도

어떤 때는 젖꼭지에 얼굴에 입속에 달라
픽추가 그러하면 마추는,
마추는 이 화인 같은 사랑에 자극되어
몸 곳곳에 불도장을 찍어 달라 보챈다.
안데스의 콘도르가 되어 성난 발 갈퀴로
온몸을 발기발기 찢어 달라 애원하며
산처럼 울고, 울고, 울고 싶어서 울고
이러다 안 되면 난교의 파티를
신의 이름으로 벌이고 네 것 내 것 없이
경계가 무너진 불과 물이 된다.
태양이 캄캄 눈이 먼 비오는 날에는
돌에 내리 꽂히는 벼락이 되고
돌에 내리 꽂히는 전율이 되어 떤다.
꽃이 피어서 어디 세상이 웃느냐
내 사랑의 비명이 꽃 피어서
마침내 세상이 꽃피는 것이 되고
악의 꽃이어서 더 빛 좋은 살구가 되고

불은 흐르고 물은 빛났다.
물은 흐르다 어느 순간 불길로 타올랐다.
불도 흐르다 삽시에 물로 젖어드는
사랑하는 모든 것은 아름다웠다.
한계가 없는 사랑은 때로는 몰락하듯
너무 쉽게 무너지기도 하지만 아름다웠다.

마추는 작은 쐐기돌 파질라
돌과 돌 사이를 파고들듯이
대음순 잎과 잎 사이를 파고들어
그 힘으로 돌과 돌을 지탱하고
파질라 같은 꼬추로 마추픽추 육봉肉峰은 만들어
비오는 안데스를 들어 올린다.
안데스의 낯빛이 변하니
지구도 밤과 낮으로 변하며 신음했다.
음과 양으로 밝음과 어둠으로
매일매일 변하는 주기 따라 흐르듯

픽추의 땅을 뒤집어 거꾸로 세우면
땅이 하늘이 되어서
공중제비 하듯 팔랑개비처럼
코카에 취한 듯 미쳐서 숨이 가빠졌다.
그러하면 픽추는 프로펠라 소리를 내며
빙빙 몸이 뜨거워
우루밤바, 우루밤바 물줄기에 젖어 들듯
물줄기로 몸을 꽁꽁 묶는다.
부엉이셈 같은 몸이 다인 사랑이었다.
쾌락을 위하여 사랑은 있었다.
산속에서 사랑을 하면 산이 즐거워하리라.
페루드란스처럼 묶인 몸을 꿈틀거리며
마추는 픽추에게 온몸을 칼로 그어 달라 했다.
바늘 끝의 아픔이 햇살로 빛나는 선인장 가시로
독사의 이빨보다 더 독한 가시로
온몸을 찔러 터진 꽃 같은 피의 희열을 바랐다.
선인장 꽃보다 더 아름답게 핀 상처의 독이여.

독이다, 독, 독이다, 이 독이 퍼져
픽추는 마추를 묶고 클라이맥스를 위해
파질라가 우람한 기둥이 될 때까지
숨이 넘어 갈 될 때까지
독하게 목을 조른다. 마추의 목을 쥔다.
칼로 선인장 가시로 독사이빨로 마추의 즙을 짠다.
종말이 없는 사랑을 위해
종말이 없는 종말로 치닫는다.
둘이 하나 되는 사랑을 위해
마추는 픽추에게 제물이 된다.
수없이 제물을 받아온 산의 제물이 된다.
안데스 산줄기 같은 견고한 제물이 된다.
먹히는 즐거운 헌신이 된다.
먹히고 먹는 하나가 된다.
식인 물고기 피라냐의 칼날이빨이 된다.
마추는 혓바닥으로 곡예사의 공처럼 희롱하던
픽추의 젖꼭지를 잘라 삼키며

둥글고 둥근 대지를 먹었다 생각하고
사랑의 가장 극렬한 끝을 위해
픽추에게 자신이 육봉이 가장 커지도록
목을 졸라 달라 애원한다. 아니 독하게 죽는다.
이 모든 것은 자연에서
자연과 이웃하며 배운 사랑의 질서였다.
사랑 뒤에 즐겨 제물이 되는
숫버마제비의 마추.
암버마제비인 픽추가 마추의 몸에 돋아난
사랑의 사마귀를 먹듯이
먹힘으로써 쾌락의 극점까지 가는 끝이다.
순리대로 흐르는 것 같지만
결코 순하지 않은 자연의 격랑에서
피 터지는 생존의 엄연함에서
옥수수, 감자, 코카나무, 숫수버마제비의
저 깊은 내면의 울부짖음에서
돌에서 황금을 보고 사랑을 배운 것이다.

사랑을 하며 죽는 쾌락을
사람이기 때문에 느끼는
그 어떤 율법으로도 깨드릴 수 없는
이 돌 같은 희열을 어이 알리.

픽추는 죽으면 케나가 되겠다고 했다.
마추를 위해 뼈로 만든 케냐가 되겠다고 했다.
안데스의 산을 휘도는 바람의 노래가 되겠다고 했다.
마추가 부는 엘 콘도파사가 되겠다고 했다.
아 아 목청껏 내지르는 극렬한 사랑의 절규다.
그 사랑에도 애틋함이 깃들어 있구나.
안데스를 울리는 슬픈 사연이 깃들었구나.
바람처럼 안데스를 울리며 날아가는
한 장 초록 잎이구나. 그 떨림이구나.
잉카콜라처럼 가슴을 훑고 지나는 슬픔이 있었구나.

그러나 심장박동속도가 느린

잉카의 마추가 먼저 숨을 거뒀다.

산중에 책력 없어 절節 가는 줄 모르더니
꽃피면 봄이오 잎 지면 가을이로다
세상의 갑자甲子를 잊고 이리저리 늙으리라*

이리저리 늙으리라던
소망도 부질없이 마추가 하직했다.
잎 지면 천지가 추풍낙엽이다.
픽추를 만나 산의 말씀대로
봄이 오면 꽃피고 꽃 지면 열매 맺고
산의 순리대로 살려고 했던 마추가 죽었다.
폐활량이 보통 사람보다 3배나 높은 잉카 마추는
다른 사람보다 3배나 더 픽추를 올려놓고
천천히 사랑 놀음을 하다 숨졌다.
사랑 때문에 심장이 빨라지기는 했지만

* 시조 작자 미상.

그보다는 코카인이, 넋 놓고 흡입한 코카인이
환각의 쾌락과 마비를 핏줄기로 실어 나르고
마지막 순간에는 신에 바쳐지는 목숨처럼
세상의 모든 것에서 눈감았다.
사랑의 인이 배긴 것은 먼저 픽추였다.
하면 할수록 자꾸 하고 싶은 코카인 같은
중독된 사랑이었다.
사랑하다 죽어서 마추의 케냐가 되겠다는
픽추의 울음은 아니
세상 모든 여자의 울음은 슬프게도 거짓이다.
픽추는 그러면서도 저승 간 마추를 그리워 찾았다.

어이 못 오느냐 무슨 일로 못 오느냐

너 오는 길에 무쇠로 성을 쌓고 성 안에 담을 쌓고
담 안에란 집을 짓고 집 안에란 뒤주 놓고
뒤주 안에 궤를 놓고 궤 안에

너를 결박하여 놓고
쌍배목 외걸쇠에 용거북 자물쇠로
수기수기 잠갔더냐
너 어이 그리 아니 오느냐

한 달이 서른 날이어니 날 보러 올 하루 없으랴*

마추는 픽추가 저 세상으로 가는
무지개다리를 놓지 않을 줄 알았지만
거짓인줄 알면서 그것이 다 사랑이기 때문에
믿음이 되고 죽음의 소용돌이 속에 몸을 던졌다.
픽추는 마추가 죽었어도 산사람처럼
이승이 듯 시시때때로 보고 싶었지만
꿈을 깨고 생시로 돌아왔다.
픽추는 마추가 죽은 자리에서
죽지 않는 땅의 진리를 일깨우듯 일어났다.

---

* 사설시조.

마추의 죽음을 토양삼아 사랑을 배양하려 했다.
젖이 없으면 사랑도 가질 수 없는
픽추는 한쪽 젖꼭지를 마추에게 주고도
또 하나의 젖꼭지를 다른 마추에게 주어
아기를 가지려고 과거가 된 죽은 사랑의 껍질을
안데스의 바람 속에 훌훌 털어버렸다.
픽추는 젖을 풀었다. 마추의 것이었던 젖을 풀어
다른 사내에게 물리었다.
젖꼭지를 다른 사내에게 내주어 아기처럼 빨게 했다.
유방은 산이었다. 마추픽추였다.
아기가 없어 아기가 그리웠던 픽추는
아기를 안듯이 사내를 안았다.
산이 나염 지듯 신실로 가면의 껍질을 벗었다.
배신의 사랑에 몸을 던진 여자라고
손가락을 산처럼 높이 쳐들어도 상관없었다.
픽추는 목숨을 다해 아니 몸을 다해
아이를 낳고 신에 귀의하고 싶었다.

아이 없는 여자라는 손가락질과
죄인 같은 사랑에서 면죄부를 받고 싶은 여자였다.
제사장이고자 했던 픽추의 유일한 소망이었다.

마추와 픽추의 사랑은 믿음이자 배신이고 여기서
안데스 산맥처럼 굴곡 많은 잉카의 사랑은 시작되었다.
우루밤바 물줄기 같은 구곡양장의 노래가 되었다.
세상 어디서나 하늘은 푸르고 사랑은 달콤하고
마추의 몸술을 먹고 취하여 우는 픽추는 있다.
때와 장소를 가리지 않고 몸술을 먹고 취하는
밤과 낮이 있다.
인간은 사랑을 두고 오만가지 생각을 다한다.
사랑이 없다면 어이 오만가지를 생각할 수 있으랴.
꽃이 핀 것만이 아름다우랴.
바람 속에 시들어가며 꽃이 지듯이
섭섭하게 아쉽게 슬프게 끝나는 사랑도
섭섭하게 아쉽게 슬프게 아름다울 수도 있나니

완성이 없는 사랑의 완성을 위하여
사랑의 상처가 피로 만든 빵인 태양이 될 때까지
무슨 짓인들 안 해 보았으랴.
완성이 없는 사랑이 마무리되는 완성은
죽음뿐이었다.
마추와 픽추는 배신이고 비극일지언정
외롭고 황홀한 기쁨으로 죽는 것이야말로
사랑의 완성이라고 믿었었다.
죽으면 더 이상 사랑을 할 수 없으니까
죽는다는 것은 더 이상 사랑할 수 없는 데까지
사랑하면서 가는 것이니까
몇 천 마디 새의 지저귐 같은 사랑노래도 들을 수 없는
천 길 낭떠러지로 떨어지는 절식이 되니까
마치 하늘을 다스리듯 자유롭던 콘도르의 날개가
갑자기 꺾이어 티끌도 아니게 전락하는
지상에서 몸 달았던 사랑이 더 필요 없으니까
살은 자의 영혼도 죽으면 티끌이 되어

우주 공간을 쉴 틈 없이 떠도니까
슬프게 사랑을 나눌 공간도 시간도 없이
그저 강물처럼 흐르기만 하니까
아 사랑이 머무는 마르지 않는 바다는
죽으면 영원히 없으니까
바다가 바닥을 드러내고 마른들 무슨 걱정이랴.
사랑의 완성인 죽음조차도 가짜로 연출했던 픽추였다.
모든 사랑은 가짜다.
산을 삼키는 바다가 없듯이 가짜다.
그래서 진짜를 만들려고 사랑은 다시 시작되고
다시 가짜가 된다.
끝나지 않는 수레바퀴를 돌고 돌린다.
사랑은 언제나 미완이다.
그리하여 새롭게 다시 시작된다.
픽추가 마추에게 등 돌린 것도
그 조차도 하나의 사랑의 공식이었다.
아이를 가져야 기꺼이 죽을 수 있는 것은

여자의 운명이고 신에의 면죄부다.
사랑이 완성을 추구하는 미완이 아니었으면
한동안 뜨거운 활화산이었다가
한순간 배신의 냉정한 얼음이 아니었으면
어이 다시 피어날 수 있는 장미꽃이랴.
상상도 할 수 없는 일들을
항시 인간은 저지르면서도 사랑으로 뛰어넘는다.

사랑의 길을 가면서 눈앞의 꽃보다
늘 고개 너머 보이지 않는 꽃이
더 아름답다고 꿈꾸는 것이 인간이 아니냐.
산이 크면 클수록 높으면 높을수록
세 식솔들을 다 간수하지 못하는 거 아니냐.
나무도 제 아무리 크다고 뽐내면 뭐하느냐.
자기 그늘 밑에 핀
수많은 꽃들을 다 헤아리지 못하듯이
허구한 날을 여자와 남자가 살을 맞대고도

서로 다른 사람을 그리워하며
사랑의 절정으로 치달으며 운 것이 우리가 아니냐.
마추와 픽추의 종말이
마추픽추의 신비도 운명도 아니다.
아기가 없어 일생 사랑을 찾아 헤매던
슬픈 피에로 같은 몸짓의 픽추의 일생에도
영원한 가짜가 없듯이 진짜로 죽는 순간이 왔다.
하다하다 모든 사랑에서 지치고 탈진한 픽추는
나머지 한 쪽 젖꼭지마저 떼이고
두 젖 망울이 사라진 구멍에서 몸속의
피란 피 다 태양의 요강에 쏟으며
죽는 마지막이 와 바람의 마차를 타고
마추를 따라 안데스의 산을 넘었다.
산을 넘는 자는 행복하다.
또 하나의 고비를 넘어 다른 산으로 갔으니까.
산이자 성역인 마추픽추에는 피신 루트도 있어
어떤 사람들은 그 길로 떠나는 것을 보았다고 한다.

마추픽추에는 신성한 광장, 태양신전,
샤먼의 집만이 있는 게 아니었다.
살아가다 사랑에서 헤어나고 싶으면
아무도 몰래 사라지는 피신 루트도 있었다.
황금을 좇는 침탈자들도 건너지 못하는
천길 벼랑의 아찔한 외나무다리 길,
이 피신루트를 걸어간 사람이 있었는지 모른다.
아니 길이 있으니 반드시 걸어간 사람도 있었으리라.
산사람은 배신으로 살고
죽은 사람은 사랑의 완성이 죽음뿐이란 확신으로
죽어 안데스 하늘의 별이 됐지만
잉카여 그대들은 모두 사랑의 전사고 순교자였으리라.
신실한 배덕背德의 꽃나무였으리라.
인간으로서 더할 수 없는 육욕의 극치까지 가며
아니 금기를 초월하는 사랑 탑을 쌓으며
태양의 길을 간다고 목숨을 바쳤지만
쾌락이란 얼마나 찰나이고 순간의 허무냐.

죽음은 사랑의 끝은 될 수 있지만
절대 사랑의 완성은 아니었다.
마추는 죽음으로 끝난 사랑보다
사랑이 아니더라도 살아 있음의
행복을 알면서도 스스로 눈을 감았다.
그 죽음에 굳이 신이 있었다고 팻말을 세우지 않겠다.
산자들은 어떤가. 살아있음으로서
오늘도 최상의 사랑을 찾아 헤매는 노예가 된다.
산은 그저 저기 있을 뿐이다. 그리고
우루밤바 강은 오늘도 흐르고
또 하나의 마추와 픽추의
사랑를 기다리며 흐르는 노래가 되고
해와 달은 때가 되면 순리대로 뜨고 진다.
마추픽추는 침묵 속에 잠들어도
마추와 픽추의 코카인 같은 사랑이
어떤 사람들에겐 환상처럼 보이는
죽음과 삶의 끝나지 않은 윤회의 수레바퀴다.

16. 에필로그 콘도르의 큰 날개가

콘도르의 큰 날개가 캄캄 어둠을 몰고 와
드디어 안데스의 하늘을 덮었다.
마추픽추는 칠흑의 신비 속에 잠들었다.
산은 모든 삼라만상에 열려 있으면서도
어느 때인가는 문을 닫는다.
산은 신비의 침묵 속에 잠겨
모든 것들을 깊은 명상에 들게 한다.
밤안개가 밀랍처럼 마추픽추를 감싸 돌았다.
안개는 자국을 남기지 않는다.
안개는 상처를 은밀하게 감쌀 뿐 고치지 않는다.
사물을 잠시 그대로 꿈꾸게 만들었다가
다시 제자리에 놓는다. 시인은 안개 같은 존재다.
아니 시인은 안개 속 시간여행자다.
선인장과 온갖 잡초로 무성한 멈춘 시간 속을
얼룩진 돌의 역사를 만지며

시간을 말없이 쌓아간 폐허의 향기를 맡는다.
마추와 픽추의 사랑을 가슴 깊이 각인한다.
골동이 된 재봉틀의 바늘 품같이 반복하며
촘촘히 새겨간 아픈 사랑의 누빈 자국을 더듬는다.
느낌이 오고 가는대로 느끼는 것이 사랑이다.
그것은 마추픽추의
거대한 태양 문을 들어선 순간부터
시작된 운명적인 사랑이며 아픈 독이었다.
페루드란스의 독이었다.
클레오파트라처럼 죽었으면 행복했을
사랑이었지만 마추와 픽추는
코카인의 환각과 선인장의 날카로운 가시와
콘도르의 발 갈퀴도 두렵지 않은 마비된 사랑의
극점에서 표표히 우주여행을 떠났다.
저 칠흑의 안데스 하늘에 뜬 별들은
마추와 픽추가 뿌린 사랑의 씨앗이다.
옥수수 씨앗을 종자 씨로 가져가

사랑의 완성을 위해 오늘도 하늘 밭을 일구고 있다.
옥수수 알갱이 같이 뿌려진 별들……
지상에서 미완이었던 사랑이
죽어서 하늘나라에서도 이어지리.
이 땅에 태어난 업으로 안고 갔던
근친의 사랑을 씻고 또 씻어 지우리.
완성이 없는 사랑이어서
마추와 픽추는 옛날, 옛날 아주 옛날의
안데스의 잉카를 그리워하고
사랑의 이름 자리를 따서 붙인
늙은 봉우리 마추픽추에 밤마다 뜨는 별이 되었으리.
신의 부름으로 콘도르의 발에 채여
어디론가 사라진 인적이 없는 마추픽추.
별만이 밤새 내려와 놀다 새벽이면 사라지는 자리.
마추와 픽추의 사랑이 흔적 없이 지워지자
마추픽추는 텅 빈 도시가 되었다.
사랑이 꽃이 아니라면

시들어 떨어지는 것을 누가 그리 슬퍼하랴.

사랑은 아름답고 아름다운 꽃이다.
꽃잎 한 잎 하르르 떨어지면
그 꽃잎 하나에 천지가 무너지듯
마추와 픽추도 죽음으로써
세상의 모든 것은 끝나버렸다. 사랑이란 그런 것이다.
모든 사라지는 것은 노을처럼 장엄하고 신비하다.
그 신비를 터득하고자 사람들은
오늘도 가슴에 마추픽추 산山 하나를 가진다.
콘도르 날개 짓 같은 안데스 바람이여
마추와 픽추의 혼령이여 울어라.
태양의 땅 밤의 마추픽추는 잠들어도 잠 깨어도
신비한 산의 침묵 속에 우뚝하리라.

여적餘滴

—마추픽추를 쓰기까지

산이, 시 흐름의 근본 줄기가 되어 주어서 가능했다. 나는 역사학자가 아니다. 그저 시인이기 때문에 산에 대한 시적 상상력이 주어졌음을 우선 밝힌다. 역사의 시각으로 이 시를 보지 말아 주시길 바란다. 역사의 시각으로 봐도 어차피 마추픽추는 미스터리니까. 극단으로 페루의 마추픽추가 아니라 한국의 마추픽추면 어떠냐. 마추픽추라는 이 백지 같은 공간을 어떻게 채우느냐가 나로서는 문제였다. 내 목숨의 나날에서 다시 마추픽추 태양 문을 들어서는 상상의 날개를 단 콘도르는 찾아오지 않으리라는 것을 나는 예감한다. 내 시의 긴 호흡이 이 시로써 끊긴 기분이다. 기력이 다 소진 탕진했다. 당분간은 그 공백의 시간이 꽤 길 것이라 본다. 그러면서도 행복하다.

이 시의 시작은 꿈속에서 첫 싹을 틔웠다. 더러 믿지 않을 분들도 있겠지만 나는 일상처럼 잡다한 꿈속에서 헤맬 때가 자주 있다. 비몽사몽간의 꿈결에서 나는 간혹 가다가 시를 건질 때가 있다. 그 꿈의 한 자락에 '마추픽추'가 걸렸다. 살면서 시로 쓸 생각은 전혀 염두에 두지 않았던 마추픽추가 왜 꿈에 나타났는지? 또 꿈속에 마추픽추라는 이름이 동화 속 주인공 마추와 픽추라는 현시를 받게 되었는지? 알 수 없다. 맑은 정신이 되어서 이것 하나로 시가 되겠다는 생각을 하였다. 꿈꾼 것을 시로 만드는 것도 평소와 마찬가지로 가볍게 시작했다. 이런 장시가 되리라고는 상상도 못했었다. 자칭 프로라고 내세우는 내가 완전히 코가 꿰인 것이다. 처음에는 짧게 시 한 편 만들어 볼까 했었다. 그런데 한 편을 쓰고 보니 장시를 쓰지 않고는 안될 만큼 너무 범위를 크게 잡은 시가 되어 있었다. '마추픽추' 1의 첫 시행부터가 스케일이 너무 크게 되어 있었다.

마추픽추가 왜 미스터리한 텅 빈 공간이 되었는지 고민이 되었다. 카뮈의 「페스트」처럼 바이러스에 의해 외부와 단절되거나 통제된 도시가 될 수도 있고 황금을 노린 외래 침탈자에 의해 사라진, 아니면 태양신에 제를 올리는 비의秘儀장소로서 신성거부 등의 불상사로 폐쇄되었을 수도 있다. 하지만 나는 우리 역사에서 힌트를 얻었다. 『동국여지승람』 같은 데 보면 한 고을에서 용서받지 못할 살인이나 패륜이 발생하여 지명이 바뀌거나 열녀문을 세우는 것에서 착안하여 해서는 안 될 용서 받지 못할 사랑 때문에 사라진 도시로 끌고 나가기로 했다. 또 에스키모 아이누 족의 "곰 배웅" 의식에 드러나는 모순된 곰과 인간과의 관계(곰은 자기를 그토록 사랑했던 인간이 어느 날 갑자기 죽이리라고는 상상 못 했으리라)를 이 시를 쓰는 동안 인간이 지닌 이율배반의 의미로 내 마음 속에는 늘 가지고 있었다.

내친 김에 서방질한다고 늙어 별로 할 일도 없고 심심하기도 한데 그럼 어디 한 번 내 생애에 마지막이 될 긴 시를 써볼까 하는 마음이 일게 되고 어기적어기적 쓰는 것도 아니고 안 쓰는 것도 아닌 시 쓰기를 시작한 것이 어느새 나도 모르게 완전히 몰입하여 오늘의 결과를 낳았다. 쓰는 것도 아니고 안 쓰는 것도 아니라는 사실은 '마추픽추' 2의 도입부가 너무 길게 만들어진 것에 해당된다. 시의 리듬이 완만한 데서부터 점차 마추픽추의 돌, 돌의 비상, 콘도르, 잉카의 심장으로의 동일성을 타는 상상력과 리듬의 급박함이 작품 '마추픽추'에 몰입하게 되는 내 심경이 그대로 드러난 것이라 하겠다. 쓰면서 스스로 내 감각이 아직도 노인 축에는 들지 않는다는 사실에 놀랐고 솔직히 이렇게 긴 시를 쓸 수 있다는 내 시적 상상력과 내 입담과 끈기에 스스로 놀랐었다. 이 놀람이 시를 이끌어가는 추진력이 됐다. 많은 분들이 궁금해 하는 한 가지는 마추픽추를 가보고 쓴 것이야 아니냐의 것이었는데 그게 뭐 그리 궁금하랴. 마추픽추는 나그네 걸음으로 물론 내가 들러본 곳이다. 내가 아는 마추픽추에 대한 지식은 가보긴 했었지만 말뿐인 주마간산이었다. 연작 장시 '마추픽추'가 끝났으니까 하는 얘기지만 결과적으로 마추픽추에 대해 아무 것도 모르는 백지상태이니까 마추픽추라는 신비하고 거대한 공간에 겁도 없이 시적 상상력을 불어넣을 수 있었다고 나는 믿는다. 시인이란 그런 존재자다.

마추픽추는 사라진 인간의 역사다. 돌의 문화고 돌의 역사다. 나는 그 속에 들어가 돌 한 조각을 주웠을 뿐이다. 그 돌 조각을 만지는 동안 나는 몇 해 전에 가 본 전란 후의 발칸 반도 속의 한 지명을 떠올렸다. 모스타르Mostar라는 곳이다. 모스타르는 세르비아 6년 전쟁의 원인이 된 곳으로 아름다운 아취 형 모스타르 다리를 사이하고 이슬람교와 세르비아정교와의 전쟁이 불붙은 곳이기도 하다. 서로 다른 종교를 가진 민족 간의 전쟁은 모스타르 다리를 파괴하며 시작되었는데 전쟁이 끝난 후 사라진 다리를 복원하면서 강물 속으로 사라진 돌들을 평화와 화해의 의미로 일일이 한 조각씩 다시 건져 만들었다고 한다. 나는 이 시를 쓰는 동안 사라진 역사에의 복원이라는 의미에서 이 모스타르다리의 돌들을 늘 염두에 두었음을 여기에 밝히고 싶다.

〉

세월이 참 좋아졌다. 시가 될 만한 것들을 찾기 위하여 컴퓨터 검색창을 두들겼다. 거기서 콘도르킨카니 페루드란스니 코카나무니 케냐니 라마니 하는 시가 될 만한 시어들을 몇 개 가져왔다. 참 이 말만은 믿던 믿지 않던 꼭하고 싶다. 이상하게도 누가 도와주는 것처럼 '마추픽추'를 쓸 때 이와 연관된 상식들을 주변에서 얻었었다. 가령 시속에 나오는 마카나 와나바나 잼, 잉카콜라 등은 텔레비전 종편 프로그램을 보다 건진 것이다. 그런데 이 시어들조차 분명치 않다. 가령 종편에서 얻은 아말씨 같은 것도 꼭 시어로 쓰고 싶었는데(아말씨는 잉카가 죽을 때 사용한 마취제라 하는데 이것을 복용하면 투명한 정신으로 아무런 고통 없이 죽는다고 함) 이 아말씨가 아마씨인지 뭐인지 분명치 않아서 못 썼다. 또 잉카인들은 태양신의 제물로는 사람의 심장을 바쳤었다. 시속의 인두人頭경기는 아즈텍 문명에서 행해진 일이지만 표현의 다양성을 위해 잉카에서도 유사한 일이 벌어지지 않았을까 하는 데서 가져왔다. 콘도르킨카는 인테넷 어디에서 분명히 본 것이다. 나중에 좀 확실히 알기 위하여 다시 검색하여 보았으나 찾을 수 없었다. 잉카제국의 전체 왕들을 대표하는 독수리황제 비슷한 의미로 사용했다. 또 다른 시어들도 내가 직접 보거나 겪은 것이 아니어서 이 조차도 그저 그럴 것이라는 어림짐작으로 쓴 것이다. 그래도 이 몇 개의 시어가 있어 겨우 마추픽추 잉카문명의 냄새를 시에서 좀 내게 되었다. 나머지는 완전히 시적 상상력과 감으로 쓴 것임을 밝힌다.

연작 장시 '마추픽추'는 내 여행시의 종결편이다. 나는 그동안 여행시라는 이름을 걸고 시집 한 2권을 묶어도 될 만큼 써왔다. 처음 내가 여행시를 쓰기 시작할 때는 한국시단에서 거개의 여행시가 가본 곳의 경치가 좋다는 투의 풍물시 위주여서 그런 투가 너무 굳어지면 안 되겠다는 나름의 생각으로 써왔었다. 역사에의 길고 긴 시간여행이라 할 수 있는 '고려의 눈보라'를 비롯하여 중국과 수교를 맺기 한해전 제3국을 통해 죽竹의 장막을 들어 가면서의 느낌을 노래한 '대륙에서', 연전에 이승의 삶을 마감한 아내를 바이칼호수에 수장水葬 시키는 '바이칼', 그리고 이번 순전히 내 시적 상상력의 산물인 '마추픽추'로 여행시를 끝내게 되어 다행으로 생각한다. 여행시를 시작한지 작품 '대륙에서' 발표를 기점으로 해도 30여년의 세월은 족히 흘렀다. 내 여행시가 사랑의 대서사시(?)로 끝나게 돼서 기쁘다. 특히 기쁜 이유는 풍물시에서 벗어난 여행시를 쓰고 싶다는 내 바람이 이 작품으로 어느 정도 충족되어서다.

이 시에서 좀 더 큰 욕심이 있다면 잉카문명 전반에 대한 보다 폭넓게 다루었으면 하는 것이었지만 그러지 못했다. 내 한계다. 이 시는 보다시피 마추와 픽추의 슬픈 사랑에 초점을 맞추고 써간 사랑 시다. 마추와 픽추는 믿고 싶지 않은 당신과 나이기도 하지만 한편 누구나 내재된 욕망 속에 가지고 있는 또 하나의 당신이고 나다. 시에서도 밝혔듯이 "모든 꿈같은 만남이란/광활한 우주공간을 유영하다/도킹하는 우주선처럼 맺어지는 순간이다." 인간에게 주어진 사랑에는 그런 불가사의한 신비함과 시계보다 더 정확한 필연의 순간이 있기 때문에 문학의 영원한 테마이리라. 마추와 픽추는 그런 사랑을 살다가 간 사람이다. 나는 그러므로 이 시에서 사랑을 살다가 사랑을 못살아서 헤어진 사랑을 노래하지 않았다. 어떤 면에서 황홀한 사랑의 극점을 살아가려한 자유인을 노래했다. 살았던 시대와 절대 신격神格을 거부한 반항의 몸짓이자 황홀한 사랑의 극점이 꼭 이런 거냐고 하면 그렇다고 단정할 수는 없지만 부분으로는 그러하다고 나는 믿는다. 그러기 위해 읽어보시는 분들은 아시겠지만 마추픽추라는 공간 속에 살았던 사람들의 일상을 나는 나름대로 우리시에서 찾기 힘든 온갖 부도덕하고 배덕적인 근친, 난교, 사드, 마조 등을 두루 섞었다. 이 방면의 지식이 일천하여 많이는 내가 섭렵했던 독서의 기억을 되살렸지만 이것조차도 좀 쓰기에 민망하고 망설여지기도 했다. 하지만 늙은이이니깐 노인이 무슨 말을 못할까 싶어 과감히 삽입한 것이기도 하다. 늙는다는 것도 때로는 좋을 때가 있구나. 그러나 한편으로는 좀 아쉬운 것도 있다. 쓰면서 사랑을 좀 쇼킹하게 묘사하고 싶었었다. 소설가가 아니어선지 흡족할 만큼 그 리얼성을 얻지 못했다. 내 능력의 한계라고 생각된다. 또 굳이 필요 없는 말이지만 시가 너무 길어 시의 이해를 위해 몇몇 행들은 다른 글자체로 하였다. 시의 소제목 대신에 달은 것도 되고 또 시의 주요부분도 되기 때문이다. 별다른 큰 의미는 없다.

이 시를 읽은 누군가가 "글로벌한 시대를 살아가는 시"라고 말했다. 이 시 한편으로는 가당찮은 얘기지만 우리시도 우물 안의 개구리를 벗어나 좀 외연을 넓힐 필요가 있다. 또 시란 막연히 비움의 미학쯤으로 여겨왔는데 채움의 것들도 있어야 한다는 믿음도 이 시를 쓰면서 가졌었다. 나는 어쨌든 나태가 싫다. 시란 너무 한곳에 살이 물러 터지도록 오래 정체해 있으면 안 되는 것이 아닌가. 나는 시를 쓰는 한 그렇게 살 것이다. 이제 다시 긴 시를 쓴다면(그럴 기회가 나에게 주어지지 않겠지만) 횡설수설 막 늘어놓는 아무도 모르는 될 대로 되라는 그런 시를 마지막 소원처럼 쓰고 싶다. 그것은 시가 아닐 것이다. 아니 시일 것이다.

이 장시는 ≪리토피아≫에 일 년간 연재 된 작품이다. 연재 후 시집을 내기 위해 개작을 했다. 전반적인 리모델링을 한 셈이다. 긴 시다 보니 서사 구조의 미비한 점들이 드러나고 중심을 잡아줄 작품의 기둥이 필요하다는 생각이 들었다. 산을 중심으로 그런 점들을 대폭 보강했다. 이제까지 시를 써오면서 또 시집을 내면서도 늘 잡지 등에 발표한 대로 쓴 대로 묶었는데 이번에는 작품을 대폭 수정했다. 생각 같아서 한 시인의 시작과정에서 개작이 어떻게 이루어지는가를 보여주기 위해 전작과 개작 두 작품을 모두 싣고 싶으나 시집 부피가 너무 나갈 것 같아 그리고 시를 읽는 맛이 삭감될 거 같아 개작 작품만을 싣는다. ≪리토피아≫에 연재가 끝난 후 긴 시를 읽고 고맙게도 평론을 써준 문학평론가 고명철의 글을 싣는다. 개작된 시로 글을 실으면 더 좋겠으나 시의 큰 줄기는 변하지 않았기에 작품을 이해하는 데 도움이 되리라고 믿는다.

〉

일생 시를 써왔지만 처음으로 시 쓰기를 참으로 잘했다는 감정이 일었다. 지금 나는 행복하다. 장시 '마추픽추'는 산이라는 공간 속에서만 가능했던 사랑노래다. 살면서 나뿐 아니라 누군가는 마추와 픽추 같은 격렬하면서도 슬픈 사랑을 꿈꾸지 않았겠는가. 이 모든 것은 산에 대한 믿음과 사랑에서 나왔음을 실토한다. 산이 없으면 꿈조차 꾸지 않았을 것이다. 이 '마추픽추' 장시에 또 하나의 욕심을 부렸다면 우리 고유의 시조 중 내가 좋아하는 시조 몇 편을 삽입했다는 것이다. 전혀 다른 이질적인 문화에의 융합이라고 보면 되겠다. 아니 세계가 점차 글로벌하게 하나로 가는 동일성이다. 다른 것이 다른 것과 서로 조화롭게 융합되는 추세다. 언젠가 본 글에 남미 인들에게도 태어나면서부터 우리와 똑같은 몽골반점이 있고 이 몽골반점은 미국의 인디안, 알라스카의 에스키모와도 연결선상에 있다는 것이었다. 또 가끔은 지하철 만남의 공간이나 남이섬 같은 유원지에서 페루잉카들이 그들의 노래를 부르는 것을 들을 때가 있는데 그런 자연스러움이 아닐까. 이처럼 내가 잉카와 전혀 다른 이질이 아니라 하나라는 의식 그것이 아니면 무슨 인연으로 이 긴 장시가 나에게 왔겠는가. 잉카 페루들이 멀고 먼 코리아의 한 시인이 그들의 산에 대해 시 쓸 것을 상상도 못했듯이 나 또한 꿈꾸지도 않았던 작업을 한 것이다. 시조 삽입은 "낯설게 하기의 낯설지 않기"와 같은 새로운 기법으로 고전적인 맛을 내고자 한 내 새로운 시도다. 최근 인접예술로서 '함렛과 판소리의 프로젝트'와 같은 것이 이에 가깝다고 본다. "낯설게 하기"의 형식주의formalism에 대한 "신형식주의neo-formalism"로 "낯설게 하기의 낯설지 않기"의 이 형식을 작품으로 제시하는 바이다. 시속에 낯선 잉카의 자연과 친근한 우리의 자연이 혼융된 형식이다. 좋게 봐 주었으면 한다. 시를 쓰면서 장시도 여러 편 만들었지만 이렇게 전심전력을 다해 써보기는 처음이다. 탈고 후의 지친 상태가 지금 나는 너무나도 좋다.

|해설|

'마추픽추'의 끌림:자유와 평화를 향한 생명의 전율

—강우식의 연작시 「마추픽추」, 그 사랑의 대서사시

고명철 | 광운대 교수, 문학평론가

1.

안데스의 고대 잉카 문명의 상징인 '마추픽추Machu Picchu'는 온통 돌투성이다. 언제 그랬냐는 듯, '마추픽추'를 휘감았던 그토록 화려한 산정山頂의 도시의 독특한 아우라는 감쪽같이 소멸한 지 오래다. 페루어로 '늙은 봉우리'라는 뜻을 지닌 평탄한 정상인 '마추픽추'에는 좀처럼 믿기 힘든 정교하게 계획 설계된 고대 도시의 자태만이 고즈넉이 숨쉴 뿐이다. 이곳이 정녕 '황금의 도시', '태양신의 도시'인가 할

정도로 지금은 침묵이 을씨년스레 배회하는 '돌의 도시'일 따름이다. 이따금 안데스의 목초지대를 떠도는 라마 무리들의 순박한 큰 눈과 안데스의 바람결에 맞춰 유영하고 있는 콘돌의 날갯짓이 '마추픽추'가 신과 인간, 그리고 자연이 함께 공존했던 잉카 제국의 도시였다는 것을 말해준다.

그렇다. '마추픽추'가 잉카 문명의 소멸을 피해갈 수는 없었지만, 안데스와 라틴아메리카는 한 순간도 '마추픽추'를 망각한 적이 없다. '마추픽추'는 안데스와 라틴아메리카 그 자체다. 우리는 알고 있다. 파블로 네루다(1904~1972)와 체게바라(1928~1967)는 그들의 파란만장한 삶의 도정에서 중요한 국면을 맞이하여 '마추픽추'를 찾았고, 이곳에서 험난한 라틴아메리카의 역사와 그 질곡 속에서 꿋꿋하게 삶의 위엄을 지키며 살아온 민중의 존재로부터 깊은 감명을 받는다. 네루다는 그의 회고록에서 "돌들의 배꼽, 자부심에 가득 차 높이 치솟은 세계, 알지 못하는 사이에 나도 소속되어 있는 그 버림받은 세계의 한가운데 서서 나는 자신이 무한히 작다는 것을 느꼈다. 나는 내 손이 오래 전 어느 시간에 그곳에서 고랑을 파고 돌을 닦으며 일한 것처럼 느껴졌다. 나는 칠레인이자 페루인,

아메리카인임을 느꼈다. 그 험난한 고원에서, 그 거룩한 흩어진 폐허에서 나는 새 시를 계속할 수 있게 하는 믿음의 원리를 찾았다."고 그의 시 「마추픽추 산정」(1943)이 쓰여진 사연을 고백한다. 이것을 계기로 네루다는 라틴아메리카의 민중적 정서에 기반한 시를 왕성히 발표한다.

그런가 하면, 우리들의 영원한 리얼리스트인 체게바라는 본격적인 혁명가의 삶을 살기 이전 의대생으로서 라틴아메리카를 여행하는 도중 쓴 일기에서 "잉카의 폐허 위에 세워진 교회에서 스페인 제국의 식민지화가 잉카 문명을 얼마나 잔인하게 말살하려고 했는지를 보았다."는 데서 그의 심경을 피력한바, '마추픽추'의 유적지를 둘러보면서 서구의 폭력적 근대에 속수무책으로 식민지로 전락할 수밖에 없었던 라틴아메리카의 슬픈 역사에 대한 모종의 깨우침을 얻는다. 16세기, 불과 170여명의 스페인 병력에 의해 무려 1200여만명에 이르는 잉카 제국은 너무나 어이 없게 무너진다. 이로부터 라틴아메리카를 향한 서구의 본격적 식민지 경영은 시작되었고, 라틴아메리카는 이후 유럽과 미국의 식민지로서 고통스런 삶을 감내하게 된다. 이렇듯이 체게바라의 라틴아메리카의 역사에 대한 자각은 '마추픽추'를 대면하는 것을 정점으로 더욱 예각화한다.

그런데, 우리는 네루다와 체게바라로부터 쉽게 간과해서 안 될 것은 그들의 라틴아메리카에 대한 역사적 성찰의 심연에는 '마추픽추'를 향한, 곧 라틴아메리카를 향한 무한한 사랑이 감돌고 있다는 사실이다. 그들의 시와 삶에서 보이는 혁명은 정치적이고 윤리적이되 그것에 구속되지 않고 그것을 활달히 넘어서는 자유와 평화를 향한 영원한 혁명과 다르지 않다. 이것은 달리 말해 그들의 정치적 혁명은 시와 포개지고, 그들의 시와 시적 혁명은 정치적 혁명과 포개짐을 뜻한다. 이와 관련하여, 체코계 미국 작가인 안드레 블첵이 그의 「시와 라틴아메리카 혁명」에서 "어떻게 우리가 입술에 시를 담지 않고, 가슴속에 사랑하는 사람을 품지 않고, 다만 우리가 지키고 다시 세우고자 하는 나라에 대한 전적인 헌신만으로, 투쟁 속에 뛰어들 수 있었겠는가?"에 깃든 물음은 의미심장하다.

2.

여기서, 우리는 한국의 시인 강우식의 연작시 「마추픽추」

를 주목해야 할 또 다른 이유가 있다. "풍물시에서 벗어난 여행시를 쓰고 싶다는"데서부터 연유된 강우식의 연작시 「마추픽추」는 그가 언급했듯이 "마추와 픽추의 슬픈 사랑에 초점을 맞추고 써간 사랑 시"로서, "황홀한 사랑의 극점을 살아가려한 자유인을 노래"한 말 그대로 '사랑의 대서사시'다. 필자의 과문인지 모르겠으나, 그동안 '마추픽추'를 노래한 시로서 라틴아메리카 밖의 시인으로서 이처럼 긴 호흡을 갖고 연작시 형태로 노래한 것은 (조심스레 말하지만) 모르긴 모르되, 강우식의 「마추픽추」가 전 세계에서 손가락 안에 꼽히지 않을까, 하고 생각해봄직하다. 대체, 무엇이 한국의 시인을 '마추픽추'에 홀리게 하였을까. 무엇보다 태곳적 라틴아메리카의 시원始原을 향한 상상의 나래를 펼치도록 한 것은 어떤 끌림에 의해서였을까. 다시 묻자. 도대체 무엇이 극동 아시아의 반도에 있는 시인을 광대한 태평양 너머에 있는 안데스의 '마추픽추'로 데리고 간 것일까.

강우식은 그의 연작시 「마추픽추」를 통해 잃어버린 도시, 망각된 도시, 스러진 도시, 폐허의 도시에 새 생명을 입히고 있다. 그의 「마추픽추」는 고대 잉카 제국의 숭고성을 비의적으로 노래하는 이른바 문명예찬의 시가 결코 아니다. 그렇다고 스페인의 침략을 겪은 라틴아메리카의 뼈아픈 역사를 재조명하면서 라틴아메리카의 역사적 진실을 추구하는 시도 아니다. 하물며 이러한 것을 염두에 둔 라틴아메리카 민중의 핍진한 삶에 초점을 맞춘 시도 아니다. 하지만 그렇다고 그의 시가 예의 주제들과 전혀 무관하다고 여긴다면 그것 역시 그의 시에 대한 피상적 이해에 그치기 십상이다. 강우식의 「마추픽추」는 분명 '사랑의 대서사시'이되, 이것은 라틴아메리카의 태곳적 시원에 젖줄을 대면서 서구의 폭력적 근대에 의해 맥없이 스러진 잉카에 새로운 생명을 불어넣음으로써 좁게는 페루 및 라틴아메리카의 자유와 평화, 넓게는 인류의 완전한 탈식민의 세계에서 궁극의 자유와 평화를 추구하는 시적 유토피아를 염원한다. 이것이야말로 네루다가 노래하고, 체게바라가 자신을 추스린 '마추픽추'와 그 근본에서 만나는 높은 차원의 정치적 혁명을 담고 있는 시적 소통의 진정성이다. 이러한 맥락을 소홀히 여기지 않을 때, 우리는 "태양의 황금인 돌의 역사가 시작되었다./마추픽추의 산처럼 쌓인 돌들은/오랜 바람의 시간과 눈보라의 공간

속에서/피의 얼룩들을 다 씻고 닦아낸/구도자의 뼈처럼 정화되어/다시 시작하는 사역의 역사였다."(연작시 「2」의 부분)에서 '사역의 역사'에 깃든 시인의 신생의 욕망과 의지를 온전히 이해할 수 있다. 하여, 강우식의 「마추픽추」에서 공중의 도시를 이루고 있는 돌들은 한갓 광물질이 아니라 잉카의 흥륭성쇠興隆盛衰를 침묵으로 명징히 보여주는 활물성活物性을 띤다. 말하자면, 소멸된 제국의 폐허에 놓인 '마추픽추'의 돌들은 역사적 죽음으로서 그 생명을 소진한 게 아니라 시인의 신생의 욕망에 의해 또 다시 생명을 부여받는다.

신 앞에 매인 몸들인 잉카의 꿈.
돌들은 한자리 박혀 오래 살기보다는
우루밤바 강에 춤추며 떨어지는 꿈을 꿨다.
꿈꾸는 돌들은 자유를 희망했다.
하늘의 별들이 우박처럼 떨어지는
낙하는 비상의 다른 의미다.
누가 하늘 높이 자기의 꿈을 싸서 돌로 던진 것일까.
그 안데스 산맥 위로 잉카의 꿈이 날았다.

돌이 새가 되었다. 자유를 사랑하는 새가 되었다.
유성 같은 새가 하늘로 솟구쳤다.
유유히 안데스를 지배하듯 나는 콘도르였다.
하늘을 날 수 있는 돌은 콘도르뿐이었다.
콘도르가 없는 잉카를 어찌 노래할 수 있으랴.
돌이 떨어지거나 솟구치거나 하는 것 같은 새.
콘도르는 안데스의 하늘이고 돌의 날개다.
어찌 콘도르가 하늘을 그냥 날겠는가.
털끝만치 미세한 바람의 흐름도 다 감지하고
그 느낌대로 호흡하며 기류를 타는
콘도르를 사랑한다는 것은 페루를 사랑하는 것이다.
하늘로 나는 콘도르의 심장을 사랑하는 것이다.
피리와 노래의 숨결을 사랑하는 것이다.
신 앞에 자유로웠던 콘도르의 심장 잉카의 꿈.

—연작시 「2」 부분

아마존의 어머니로서 잉카의 성스러운 계곡인 우르밤바로 돌들이 낙하한다. 그런데, 강우식 시인에게 낙하하는 잉카의 돌들은 동시에 "유성 같은 새가 하늘로 솟구"치는 것과 동일성을 이루는 '비상飛翔'으로 전도된다. 달리 말해 잉카의 돌은 커다란 날갯짓으로 안데스를 유영하는 콘돌로 그 심상이 전이된다. 그리하여 "콘도르는 안데스의 하늘이고 돌의 날개다." 이제 날개를 단 잉카의 돌들은 더 이상 돌이 아니라 '마추픽추'의 창공을 자유롭게 훨훨 나는 명실공히 안데스의 주인 콘돌의 생명으로 거듭난 것이다. 때문에 "콘도르를 사랑한다는 것은 페루를 사랑하는 것"과 상통하고, 이는 잉카와 라틴아메리카를 사랑하는 것과 다를 바 없다. 이렇게 안데스의 돌들은 영원불멸의 활물성을 띤 채 소멸한 공중의 도시 '마추픽추'의 창공을 의연히 내려다보는 콘돌의 비상으로 새 생명을 부여받고 있다.

이렇게 시인의 시적 상상력에 의해 새 생명을 부여받은 잉카의 돌들은 신성의 공간성을 획득하고, '마추'와 '픽추'의 아름다운 사랑의 대파노라마를 연출할 마당을 제공한다. 여기서, 다시 한 번 상기해두고 싶은 게 있다. 시인의 이러한 신성의 공간성 추구와 '마추'와 '픽추'의 사랑에는 "반복되었던 살육의 역사"로 점철된 "폐허의 도시를 활기찬 도시로 바꾼"(연작시 「3」)고 싶어하는, 그래서 새로운 생명을 불어넣음으로써 '마추픽추'로 표상되는 잉카와 라틴아메리카의 도저한 문명의 활력을 새롭게 발견하고자 하는 시인의 웅혼한 의지를 결코 과소평가할 수 없다. 분명, 강우식은 한국문학의 영토 안에서 한국문학을 풍요롭게 살찌운 시작詩作 활동을 펼쳐온 한국의 시인이지만, 이번 연작시 「마추픽추」를 통해 그의 시 경계는 한국문학의 영토를 훌쩍 넘어 세계문학의 당당한 문학 실체로서 그 존재의 가치를 득의得意하고 있다. 이것은 그의 「마추픽추」가 소재의 차원을 넘어 인류의 위대한 문명적 자산에 대한 그 특유의 시적 상상력의 불길을 뜨겁게 지펴, 종래 유럽중심주의(혹은 서구의 근대)로 함몰된 자유시의 경계를 넘어서는 형상적 사유를 통해 보증되고 있다.

태양문을 지나며 들른 무당의 집에서는
늘 굿거리장단과 주술소리로 가득 차 있다.
둥둥 두둥둥 무녀가 북을 친다.
안데스의 하늘의 새벽살결이 떨리듯
마추픽추의 정상에서 태양신을 맞이하는
신성한 하루의 북소리다.

사람의 살갗을 벗겨 만든 그 소리는
마추픽추의 잉카들의 나날의 삶을 점지해 주는
하늘의 울림이다. 어느 땐가는
신에게 바쳐질 운명으로 태어난
공동체 속의 마추와 픽추의 노동도
그 소리의 흐름 따라 시작된다.

—연작시 「3」 부분

시인의 가상적 인물인 마추와 픽추의 삶은 "늘 굿거리장단과 주술소리로 가득 차 있다." 흥미로운 대목이 아닐 수 없다. 안데스의 주술적 아우라는 기실 우리에게 익숙한 한국의 주술적 아우라와 포개진다. 시적 상상력의 도약이며 횡단이고 경계 넘기다. 이렇게 안데스와 잉카는 물리적 거리를 무화시킨 채 성속일여聖俗一如의 어떤 것을 공유하고 있는 한국 시인 강우식의 뮤즈와 내밀한 소통을 이룬다. 이쯤 되면, 한국 시인이냐, 페루 시인이냐, 라틴아메리카의 시인이냐, 하는 근대의 국민문학의 경계로 구획되는 문학 논의는 불필요하고 소모적이다. 이것보다 중요한 것은 지구적 관심사를 갖고, 세계의 문명에 대한 보다 높고 근원적 차원의 상상력에 토대를 둔, 말 그대로 지구적 보편의 심상을 다룬 형상 사유가 긴요하다.

3.

강우식의 「마추픽추」는 이처럼 지구적 보편의 심상을 치열히 궁리하고 있는, 그래서 한국시의 새로운 지평을 심화·확산시키는 데 주요한 몫을 다 하고 있다. 여기에는 그의 전위적 상상력 속에서 뜨겁게 지펴지고 있는 '마추'와 '픽추'의 사랑의 대파노라마가 연출되고 있다.

사랑에는 아픔과 상처가 있어야 했다.
그 상처는 상처에 다시 상처를 내는 잔인한 상처였다.
사랑은 상처의 느낌이었다.
태양처럼 붉고 둥근 완벽한 상처여야 했다.
피는 늘 끓어 넘치는 샘이고 분수였다.
태양이 사라진 밤이면
태양 대신에 작은 심장을 태우며

사랑을 해야 했다. 사랑 중에 가장 미치는,
근친의, 죄 많은, 잔인한
아픈 희열로 처절히 울부짖어야 했다.

—연작시 「6」 부분

밤이면 축제가 벌어졌다.
심장을 꺼내어 북을 만들고
페루드란스의 널름대는 혓바닥. 횃불을 밝히고
소리를 듣고 맛을 보고 살의 향기와 촉감을 느끼려고
페루드란스처럼 뒤에서 독을 쏘듯이 박았다.
구멍은 적도 밀림 속 깊은 동굴이었다.
동굴 하나로 모든 게 가능했다.
동굴에 드는 데는 앞과 뒤, 상과 하가 없었다.
달빛 아래서의 섹스는 춤이었다.
바람의 향기가 흐르는 론도의 물결이다.
오줌주머니 터지듯 달빛은 주룩주룩 흐르고
오줌주머니 터지듯 달빛은 가득 차 주룩주룩 흐르고
우우우 괴성이 저절로 터지는 밤이었다.
하늘을 향해 울부짖는 괴물이 탄생하는 밤이었다.

모든 짐승들이 새끼를 낳는 진통과 기쁨의 밤이었다.
마추와 픽추의 사랑도 밤낮으로 이어졌다.

—연작시 「7」 부분

뱀들이 끊임없이 꿈틀거린다.
동면하던 봄이 깬다. 안데스 계곡을 흐르는 물줄기도
꿈틀꿈틀 흐르고 모든 사물들을 몸을 부풀러
초록잎 같은 사랑을 틔우려 몸살을 한다.
깨어난 사랑이 벌거숭이로 덩실덩실 탈춤을 춘다.
율동이다. 잉카의 남자들은 페루드란스였다.
뒤에서 소리 소문 없이 다가와
여자를 밀착시키고 돌기둥을 박았다.
마주보는 충돌이 아니라
일직선으로 같이 흘러가는 물결이었다.
짐승 같은 원시본능이 춤이 됐다.
사랑하는데 얼굴을 모르면 어떠냐.
얼굴은 보면서부터 죄가 생긴다.
(중략)
끝내는 탈을 쓰지 않고도 탈을 쓴 것 같은

사랑에 무지한 밤이 시작되었구나.

—연작시 「11」 부분

'마추'와 '픽추'의 사랑은 근친의 사랑인 만큼 "광기와 샤먼의 바람"(연작시 「5」) 속에서 "반역의 사디즘이고 마조히즘"(연작시 「6」)으로 그들의 영육을 미치도록 휩싸고 돈다. 그들의 사랑은 "언제나 육의 헌신이었다./늘 태양같이 뜨거운 심장을 바쳐야 하는,/육을 헌신하는 육화肉化된 사랑이었다." 안데스의 들판과 협곡을 가득 채우고 넘쳐 흐르는 사랑의 정념으로 잉카는 다시 생명을 부여받는다. 강우식에 의해 연출되는 '마추'와 '픽추'의 이 사랑의 대파노라마는 가히 태곳적 우주창생의 신화의 또 다른 재현이 아니고 무엇인가. 지식의 껍데기를 훌훌 벗어던진, 종교의 관념적 신성의 문화이데올로기를 전복시키는 성속일여의 사랑의 대서사시는 연작시 「마추픽추」의 진경眞境을 드러낸다.

이와 같은 '마추'와 '픽추'의 순연한 사랑을 통해 우리는 소멸해간 잉카의 뭇 생명의 싱그러움뿐만 아니라 산정의 도시 '마추픽추'의 존재 가치가 지닌 고대 문명의 어떤 그

무엇을 새롭게 발견하게 된다. 그것은 성과 속, 그리고 미와 추를 초월한, 달리 말해 세상의 참된 진리를 가로 막고 있는 온갖 분별의 논리로서 도저히 포착할 수 없는 인간과 우주의 본연의 생명의 존귀함의 경지에 육박하는 것이다. 이것을 서구의 근대 합리적 이성의 힘으로 온전히 파악할 수 없다는 것은 자명하다. 도리어 서구의 근대적 폭력이 합리적 이성의 미명 아래 잉카 제국을 순식간에 소멸시키지 않았던가.

날이 갈수록 전지구적 자본주의 세계체제 아래 우리의 일상은 기실 초국적 자본에 의해 통제받고 있으며, 새로운 형식의 식민주의는 일상을 정교히 식민화시키고 있다. 살아 있되, 삶의 생기가 소진된 현실을 살고 있는 우리들에게 절실히 요구되는 것은 생의 싱그러움이 아닐까. 이 싱그러움이 기반하고 있는 살아 있는 것들의 신성성의 복원이 아닐까. 물론, 그렇다고 우리가 역사 이전의 고대 신화의 세계로 돌아가 살 수는 없다. 중요한 것은 점차 망실해가고 있는 성스러움의 가치에 대한 전면적인 반성적 성찰이다. 강우식의 연작시 「마추픽추」는 비록 안데스의 소멸해간 공중의 도시 '마추픽추'를 노래한 데 불과하지만, 시의 곳곳에 보석처럼 박혀 있는 안데스의 구체적 풍물과 풍광, 그리고 사람들의 삶은 이 산정의 도시가 우리와 거리를 둔, 그래서 일종의 오리엔탈리즘적 시선으로 인식되는 그런 유적의 폐허가 아니라 "모두 사랑의 전사고 순교자"(연작시 「15」)인 '마추'와 '픽추'의 후예들이 여전히 사랑을 하며 살고 있는 영원한 자유와 평화의 성소聖所라는 시적 진실이다.

4.

강우식의 이번 연작시 「마추픽추」는 역작이다. 그의 시를 음미하고 있노라면, 절로 잉카의 말 없는 돌이 되고, 이어서 큰돌이 되고, 그래서 안데스의 산정과 협곡을 자유롭게 유영하고, 근대로 획정된 시공간의 개념을 무화시킨 채 태곳적 시원의 성속일여의 자유와 평화의 삶을 만끽하게 된다. 그래서일까. 「마추픽추」를 음미하는 동안 우리는 비로소 지구적 보편주의를 이루는 세계문명을 향한 온전한 이해의 경계로 성큼 들어선다. 이제 '마추픽추'는 네루다와 체게바라는 물론, 강우식의 역작 「마추픽추」에 의해 또 다른 비의성의 전모가 드러난 셈이다. 그것은 지금도 쉼 없이 온갖 근대의 억압에 구속돼 있는 우리에게 타전하고 있는, 안데스와 라틴아메리카의 자유와 평화를 향한 삶의 혁명의 에너지의 솟구침이며, 유영이며, 울림이다. 이렇게 강우식의 「마추픽추」는 그 문명적 소통과 연대를 통해 자유와 평화를 향한 생명의 전율로 우리를 매혹한다.

사랑은 아름답고 아름다운 꽃이다.
꽃잎 한 잎 하르르 떨어지면
그 꽃잎 하나에 천지가 무너지듯
마추와 픽추도 죽음으로써
세상의 모든 것은 끝나버렸다. 사랑이란 그런 것이다.
모든 사라지는 것은 노을처럼 장엄하고 신비하다.
그 신비를 터득하고자 사람들은
오늘도 가슴에 마추픽추 산山 하나를 가진다.
콘도르 날개 짓 같은 안데스 바람이여
마추와 픽추의 혼령이여 울어라.
태양의 땅 밤의 마추픽추는 잠들어도 잠 깨어도
신비한 돌의 침묵 속에 우뚝하리라.

—연작시 「16」 부분